LINDA E CHARLIE BLOOM

101 COISAS QUE NÃO ME CONTARAM ANTES DO CASAMENTO

Tradução de
JUSSARA SERPA

Prefácio de
ALBERTO GOLDIN

1ª edição

viva livros

RIO DE JANEIRO – 2014

CIP-BRASIL. CATALOGAÇÃO NA PUBLICAÇÃO
SINDICATO NACIONAL DOS EDITORES DE LIVROS, RJ

Bloom, Linda, 1946-
B616c 101 coisas que não me contaram antes do casamento / Linda e Charlie Bloom; tradução Jussara Serpa. – 1ª ed. – Rio de Janeiro: Viva Livros, 2014.
12 x 18 cm.

Tradução de: 101 Things I Wish I Knew When I Got Married
ISBN 978-85-8103-026-5

1. Casamento. 2. Amor. 3. Relação homem-mulher. I. Bloom, Charlie, 1947- II. Título. III. Título: Cento e uma coisas que não me contaram antes do casamento.

CDD: 306.8
13-04386 CDU: 392.3

101 coisas que não me contaram antes do casamento, de autoria de Linda e Charlie Bloom.
Título número 077 da Coleção Viva Livros.
Primeira edição impressa em janeiro de 2014.
Texto revisado conforme o Acordo Ortográfico da Língua Portuguesa.

Título original norte-americano:
101 THINGS I WISH I KNEW WHEN I GOT MARRIED

www.vivalivros.com.br

Capa: Marianne Lépine, com imagem Shutterstock.

Impresso no Brasil

ISBN 978-85-8103-026-5

EDIÇÕES VIVA LIVROS

101 coisas que não me contaram antes do casamento

Linda Bloom e Charlie Bloom são psicoterapeutas que aconselham indivíduos, casais e organizações desde 1975. Fundaram em 1987 o Instituto Bloomwork, que apresenta leituras e seminários sobre relacionamentos. Suas palestras foram vistas por milhares de pessoas, não apenas nos Estados Unidos, mas também em países como China, Brasil, Índia, Japão, Indonésia e Bangladesh. Ministram aulas e palestras em diversas instituições dos Estados Unidos, como Esalen Institute, California Institute for Integral Studies, Instituto Ômega, Universidade IFK, Universidade da Califórnia, entre outras. Além de *101 coisas que não me contaram antes do casamento*, escreveram também *Secrets of great marriages*. Linda e Charlie são casados e vivem na Califórnia, podem ser contatados em www.bloomwork.com.

No dia primeiro de março de 2001, enquanto trabalhávamos na primeira versão deste livro, recebemos a notícia que todos os pais temem: nosso filho, Eben, falecera em um acidente de carro, com apenas 22 anos. Durante a tristeza avassaladora que nos envolveu nos meses subsequentes, encontramos força no amor que nutrimos por tantos anos.
A 102ª coisa que não nos contaram antes do casamento é que o amor entre duas pessoas pode ampará-las quando passarem por um sofrimento inimaginável e ajudá-las a superar mesmo as maiores tragédias da vida.

Dedicamos este livro a nosso querido filho, Eben.

"Um ser humano amar o outro – talvez seja esse o desafio mais difícil da nossa existência, o definitivo, o último obstáculo e, como tudo na vida, se espera preparação."

– Reiner Maria Rilke

Sumário

Agradecimentos

Em primeiro lugar, gostaríamos de agradecer aos alunos e clientes, não só por depositarem sua fé e confiança em nosso trabalho ao longo desses anos, como também pela coragem, empenho e compromisso ao vivenciar nossas propostas. Vocês têm sido nossos mestres e nossa inspiração.

Aos nossos filhos Jesse, Sarah e Eben, nossa gratidão pela paciência que tiveram conosco, principalmente durante os primeiros anos, quando ainda estávamos aprendendo nossas próprias lições. Vocês nos ensinaram o perdão aos outros e a nós mesmos, repetidas vezes.

Um agradecimento especial aos nossos amigos e professores, Stephen e Ondrea Levine. Obrigado por nos lembrarem que somos muito mais do que nossas emoções e desejos, por nos ensinarem a manter nossos corações abertos nos momentos difíceis e por nos ajudarem a despertar e fortalecer o espírito que inspira nossas vidas e a conexão entre nós. Agradecemos também a Jack Kornfield, por ter nos ensinado a prestar atenção no outro, e a Thich Nhat Hanh pela meditação "Como posso amá-lo melhor?" e por ser a personificação da compaixão. Agradecemos a Harry e Joyce Vissell, que nos ajudaram quando estávamos à beira do precipício em várias ocasiões.

Também somos profundamente gratos à Nancy Lunney, que, por acreditar em nós e em nosso trabalho, nos convidou a ensinar no Esalen Institute, nosso segundo lar. Lembramo-nos ainda dos queridos amigos que apoiaram o sonho de escrever este livro: Seymour Boorstein, David Kerns, John Amodeo,

Claire Bloom, Susan Campbell, Connie Zweig, Lewis Engel, Kim Karkos, Lynn Gallo, Mary Melkonian, Sharon Savage, Monica Dashwood e Grace Llewelyn. Sem a fé de vocês, não teríamos concluído esse projeto.

A Marc Allen e à maravilhosa equipe da New World Library, especialmente nossa talentosa editora, Kristen Cashman. Georgia Hughes, Cathey Flickinger, Monique Muhlenkamp e Munro Magruder: obrigado pelo apoio, entusiasmo, orientação e por terem criado uma editora realmente comprometida com o trabalho.

Prefácio à edição de bolso

Domingo, fim de tarde. Um casal de meia-idade sai do cinema, caminham em silêncio de mãos dadas. Aos poucos, surgem comentários sobre o filme que lhes evoca reflexões, lembranças, críticas, comparações... Entram num restaurante, bastante simples, perto do cinema. Pontos de vista diferentes promovem uma pequena discussão, que logo se dissipa. Alguma coisa engraçada os faz rir e uma taça de vinho colabora para que a conversa, mais harmônica, ganhe força. Um bocejo, pedem a conta e voltam para casa, prontos para dormir. Assim terminam a noite... Cortamos a cena.

Estão separados por um pequeno espaço físico e unidos por um extenso universo de acontecimentos, anedotas, diferenças, segredos, confissões, além de outras emoções que repousam quietas sob a superfície. Para localizá-las é necessário perfurar o terreno que, em camadas sobrepostas, exibe as razões que justificam amores e ódios. Os terapeutas que conseguem operar nesse terreno encontram, a diversas profundidades, o precioso petróleo do sentido, no lugar onde residem as verdadeiras razões do conflito, às vezes próximo à superfície, outras a grandes profundidades...

Linda e Charlie Bloom são um casal de terapeutas de sólida formação teórica e clínica, que se apresenta em um texto dinâmico e de fácil leitura. Alternam os papéis de um casal normal que atravessou e superou crises graves e o papel de terapeutas experientes que analisam seus próprios conflitos e os interpretam com notável talento e sinceridade. Escrever este livro foi, sem dúvida, um recurso brilhante que transformou acertos e erros pessoais em teoria e clínica da vida a dois.

Sabemos que todo texto é, de alguma forma, autobiográfico. Neste, os autores levaram suas biografias ao extremo e as colocaram abertamente para consumo dos seus leitores. Descrevem de forma simples e didática os conflitos pelos quais foram consultados, abrindo um leque de possibilidades de identificação para o leitor que, sem dúvida, se verá refletido em uma ou várias das histórias que, já terceirizadas, poderão ser aplicadas às suas próprias vidas. Preciso admitir que a leitura do texto evidenciou para mim semelhanças e diferenças culturais entre os Estados Unidos e o Brasil. É bem verdade que ambos compartilham os mesmos temas, tédios, idealizações, traições, rivalidades etc., no entanto, diferem no modo de aproveitar a terapia. Tive a impressão de que os casais americanos são um pouco mais abertos e receptivos do que os latinos que, na minha experiência, são (ou somos?) um pouco mais passionais, radicais e, possivelmente, desconfiados.

O texto dos Bloom opera com evidente eficácia no seu contexto cultural e espero que tenha o mesmo sucesso no nosso. Ainda assim, as diferenças são dissolvidas, principalmente, pela globalização dos conflitos humanos que, em inglês ou em português, tendem a oscilar entre amor e ódio, egoísmo e generosidade, fidelidade, traição e sexo mais ou sexo menos.

Retomando a questão das profundidades da atuação terapêutica, cada profissional vai encontrar sua zona de conforto no tempo e terreno que o casal em crise lhes oferecer. Linda e Charlie Bloom operam com muita segurança, são claros e prudentes, descrevem os conflitos de uma maneira direta e alcançam seus objetivos com sabedoria, apesar de, como às vezes acontece, nem todos os casos têm finais felizes. Algumas terapias terminam em divórcios, porém, mesmo assim, em sua maioria resgatam valores importantes como amizade e respeito posteriores à separação.

Foi prazeroso ler e pensar na forma como os Bloom trabalham, às vezes resgatando maridos egoístas que, durante a terapia, conseguem ser mais generosos; rivalidades ou diferenças matrimoniais que se resolvem; maridos indiferentes que, despojados de preconceitos, passam a escutar as demandas das suas esposas. As mudanças positivas são frequentes, mesmo que o contexto breve e didático dos relatos não permita saber, em detalhes mais técnicos, como os terapeutas conseguem quebrar a resistência à mudança, peça fundamental para um bom prognóstico da relação. O momento de virada equivale à capitulação da doença, é quando a neurose se rende, certamente a hora mais esperada da terapia que resolve e coroa, com louvor, o esforço realizado.

Na minha experiência latina, este resultado é mais demorado. Contudo, quando acontece, representa o prêmio mais valioso para o profissional. O trabalho dos autores é interessante e penso que, em qualquer cenário cultural, o fator decisivo do sucesso é o desejo dos pacientes em trabalhar com máximo empenho para corrigir exageros, diminuir hostilidade e recuperar afeto e harmonia, virtudes essenciais para o conforto doméstico. A mesma conclusão me leva a pensar que, se os leitores abordarem este livro com espírito amplo e receptivo, poderão tornar melhores seus dias e anos de convivência. Vale a pena conferir.

Alberto Goldin
Médico psiquiatra e psicanalista.
www.albertogoldin.com.br

Apresentação

Quando a maioria de nós se apaixona, esbarra em uma série de mitos, como "Feitos um para o outro" e "Felizes para sempre". Respire fundo, reconheça os ideais românticos que você estabeleceu para sua vida e perdoe-se. Muitos acordam, como Dorothy no filme O *Mágico de Oz,* em uma terra estranha e descobrem que a paixão inicial não passava de uma ilusão, não era o que realmente precisávamos para sustentar um amor verdadeiro. Os relacionamentos parecem muito fáceis no cinema e na televisão, e é com eles que a maioria aprende o pouco que acredita saber sobre relacionamentos. Na verdade, como descobrimos rapidamente, a vida é bem diferente, e as estatísticas sobre divórcios nos trazem de volta à realidade, mas não revelam a origem dos problemas.

Em vários seminários, fizemos perguntas aos participantes e descobrimos que a maioria das pessoas está muito mais bem treinada para dirigir carros do que para conduzir um relacionamento bem-sucedido: não é de se admirar que haja tanta dificuldade para manter a relação amorosa! Já percorremos o equivalente a trinta voltas ao mundo, partilhando histórias e técnicas com casais, e em todos os lugares ouvimos a mesma pergunta: como posso criar uma relação que funcione de verdade? Linda e Charlie Bloom já se depararam com essa pergunta inúmeras vezes em seus seminários e em seu próprio relacionamento. O que eles compartilharam com vocês aqui é real – conhecimento real sobre técnicas reais –, e esse é o trunfo de *101 coisas que não me contaram antes do casamento.*

Já ouvimos inúmeras vezes frases que começam com "Se ao menos", por exemplo: "Se ao menos eu a tivesse conhecido melhor", "Se ao menos tivéssemos a oportunidade de aprender como fazer o amor funcionar", "Se ao menos soubéssemos escutar um ao outro". Este livro esclarecedor apaga o "Se ao menos". Aqui há formas práticas para se conectar e reconectar, técnicas e apoio para explorar áreas desconhecidas que mostram como fazer o amor florescer.

A maior delícia do livro de Linda e Charlie é seu formato à francesa, pois você pode abri-lo em qualquer página e encontrar um pedaço saboroso. Ao digerir tema após tema, você percebe seu relacionamento florescer naturalmente, sem a necessidade de trabalho árduo ou luta. Que ótima ideia!

Este livro contém profunda sabedoria de que os casais realmente precisam para terem sucesso. Os Bloom abordam as perguntas mais frequentes de uma forma fluida, que fazem você não só respirar mais tranquilamente, como também ver seu parceiro sob uma nova luz. É como possuir um mapa de relacionamento com todas as lombadas e desvios ilustrados com clareza, como aprender a língua dos relacionamentos de modo suave, ao lado de um bom amigo. A orientação segura de Linda e Charlie Bloom gera muitos insights, e ficamos mais do que felizes em recomendar seu trabalho a qualquer pessoa que esteja procurando aprimorar seus relacionamentos.

Kathlyn e Gay Hendricks,
Autores de Conscious Loving *e* Lasting Love

Introdução

CHARLIE: Em fevereiro de 1999, minha irmã, Claire, telefonou de Los Angeles para me contar que ela e seu namorado, Mike, iam se casar e me convidou a escolher um texto relacionado a casamento para ler na cerimônia. Aceitei seu pedido e comecei imediatamente a procurar algo adequado. Encontrei várias citações, poemas e histórias ótimas, que provavelmente teriam se aplicado muito bem, mas nenhuma dessas passagens expressava exatamente o que eu queria dizer. Todas falavam sobre alguns aspectos do casamento, como devoção, compromisso, benefícios, alegrias e desafios, mas cada uma lidava apenas com algumas de suas facetas.

O que eu queria oferecer a Claire e Mike era um quadro mais completo de tudo o que o casamento pode ser, mostrando o que é necessário para atingir esse potencial. Linda me encorajou a parar de procurar palavras de outras pessoas e, em vez disso, criar meu próprio texto. Assim, comecei a listar algumas das coisas que eu queria ter sabido ao casar. Compartilhando o que Linda e eu aprendemos com a convivência ao longo de 30 anos, esperava poupar Claire e Mike de parte do sofrimento e das dificuldades por que passamos.

Escrevi 50 tópicos, mas, devido ao tempo que teria para falar, reduzi para 25. A cerimônia foi linda, e pude partilhar todas minhas reflexões, pontuados pelas diferentes reações da congregação, seja por meio de piscadas de olhos, concordância com acenos de cabeça, risadas discretas ou suaves cotoveladas nos parceiros. Mais tarde, várias pessoas, incluindo o pastor, me pediram cópias do que li. Alguns sugeriram que eu as desenvolvesse e pensasse em publicá-las.

Na viagem de oito horas de carro de volta para casa, Linda e eu criamos outras frases. Ao final do percurso tínhamos oitenta. Após duas semanas, tínhamos mais de cem. Na verdade, criamos quase duzentas (acho que isso diz algo sobre o quanto *não* sabíamos quando casamos), mas selecionamos as que consideramos melhores e pedimos a opinião de alguns amigos que eram escritores, terapeutas ou ambos. As respostas foram muito favoráveis, mas quase todos os nossos leitores fizeram a seguinte recomendação: incluir alguns parágrafos com comentários após cada frase, para explicar os temas.

Decidimos usar uma combinação de histórias do nosso próprio casamento e das relações de clientes, amigos e alunos, sempre com o cuidado de não revelar a identidade de ninguém, exceto a nossa. Após termos compartilhado vários detalhes de nossas discussões, durante aproximadamente vinte anos, com participantes de workshops, aprendemos a usar nossas experiências, erros e descobertas como meios de ajudar casais a evitar, ou ao menos a sair de algumas armadilhas, crises, impasses, atoleiros e outras dificuldades que inevitavelmente surgem ao longo de um casamento.

Embora Linda e eu sejamos conselheiros matrimoniais, cada um com mais de duas décadas de experiência, a maior parte do que apresentamos neste livro vem de nossa experiência pessoal, não daquilo que aprendemos na faculdade. Nossas qualificações não são diplomas emoldurados nas paredes, mas o resultado das cicatrizes e feridas que sofremos, suportamos e por meio das quais aprendemos e nos recuperamos.

"Aquilo que não me mata, me torna mais forte", disse Friedrich Nietzsche. Assim parece ocorrer com o casamento: aprendemos a crescer por meio dos inevitáveis desafios de estar comprometidos com o relacionamento ou corremos o risco de sermos destruídos por eles. Linda e eu provavelmente passamos por tanto estresse quanto a maioria dos nossos muitos amigos que se divorciaram, e clientes e alunos têm nos apresentado poucos problemas que nós mesmos já não tenhamos vivenciado. Estivemos prestes a acabar com nosso casamento em várias ocasiões, e todas as vezes demos um jeito de salvá-lo. Já se passaram alguns anos desde que nosso casamento teve uma daquelas experiências de quase morte, e a essa altura parece improvável que isso ocorra de novo. Contudo, não há garantias, nem mesmo para os melhores casamentos, e a forma mais certa de pôr uma ótima relação em risco é achar que não há perigos e ligar o piloto automático.

LINDA: Sentimo-nos abençoados por compartilhar a parceria que temos hoje, mas não foi fácil chegar aqui: demos duro para alcançar nossa maturidade amorosa. Quando Charlie discursou no casamento de Claire e Mike, senti orgulho do que já havíamos realizado juntos. Sobrevivemos a crises e provações suficientes para poder falar com alguma autoridade sobre as possibilidades e as armadilhas do casamento, e Charlie oferecia à irmã e ao marido dela aquilo que gostaríamos de ter recebido.

Se tivéssemos aprendido e incorporado essas verdades com antecedência, seríamos poupados de muito sofrimento. Enfrentamos enormes obstáculos em nossa relação, e por vezes desejei ter um parente sábio a quem pudesse pedir conselhos e que pudesse nos ajudar a sair da confusão. Não tendo um membro da família para consultar, procurei mestres espirituais, workshops, fitas de autoajuda, autores, terapeutas e amigos, e tentei solucionar os problemas sozinha. Espero poder dar orientação às pessoas que estão em busca disso, como eu estava.

Nos primeiros anos que passamos juntos, Charlie e eu sabíamos o tipo de relacionamento que queríamos, mas foi necessário muito mais do que essa perspectiva para podermos usufruí-lo. Nós nos deparamos com padrões condicionados e hábitos antigos que, para abandoná-los, seriam necessários muita prática, devoção e tempo. Determinada em vencê-los, mantive minha visão e meu compromisso.

Foram vários fatores que contribuíram para as dificuldades que tivemos, principalmente durante os primeiros anos de casamento. Tínhamos, ambos, 21 anos quando começamos nosso relacionamento e éramos bem imaturos. Cada um de nós procurava alguém que nos desse segurança emocional, já que nenhum havia desenvolvido total segurança sobre si próprio, e tínhamos uma imagem muito distorcida do amor. Não estávamos preparados para participar de um relacionamento saudável, nenhum dos dois tinha visto exemplos disso nas famílias, tampouco tínhamos sido bem-sucedidos em nossos relacionamentos anteriores e procurávamos alguém que nos ajudasse a superar as dores do passado. Nosso primeiro filho nasceu antes de completarmos 2 anos de casados. Na época, ainda cursávamos a faculdade, estávamos sobrecarregados de dívidas e desempregados. Às vezes, o nível de estresse era insuportável.

Havia também todas as grandes diferenças entre nós. Embora muitos casais tendam a se completar com suas diferenças, as nossas sempre pareciam ser irreconciliáveis e extremamente exageradas. Temos personalidades opostas: sou detalhista, Charlie é generalista; sou a favor da educação severa dos filhos, Charlie não; sou extrovertida e sociável, Charlie é mais introvertido; vou dormir cedo, ele fica acordado até tarde; gosto de chegar ao aeroporto com horas de antecedência, uma espera de 15 minutos é demais para ele; acredito em planejamento e preparação, Charlie prefere a espontaneidade; quando estou estressada procuro contato, ele prefere ficar só; minha força está no compromisso, a de meu marido, em abrir mão; quando ensinamos, uso minhas anotações, ele prefere improvisar; sou uma oradora, ele é um pensador; eu gerencio o dinheiro, ele gasta. A lista é enorme, mas já se pode ter uma ideia. Em todos esses anos as pessoas nos perguntaram inúmeras vezes: "Como vocês conseguiram se unir? E como conseguiram *continuar* juntos?"

Nos primeiros anos de casamento, como nenhum de nós sabia lidar com as diferenças, entrávamos em conflito frequentemente. Não eram as diferenças em si que criavam o problema, mas nossas reações a elas: como vários outros casais, buscávamos eliminá-las, tentando mudar um ao outro e a nós mesmos. Homogeneizar nossas personalidades e, assim, eliminar as fontes de conflito parecia uma boa ideia na época. Finalmente, descobrimos que essa estratégia não funcionava, pelo contrário, ela produzia mais conflitos, internos e entre nós.

É claro que nossa relação não era apenas sofrimento e luta. Não fossem os aspectos positivos, não teríamos ficado juntos. Desde o início, uma profunda conexão amorosa é o que nos sustenta em meio às provações, disputas de poder, decepções e até mesmo traições. Compartilhamos experiências, como casal e como família, cujo prazer é imensurável.

Porém nem mesmo os vínculos mais fortes são imunes aos danos que brigas contínuas podem causar a uma relação. Para nós, o momento decisivo ocorreu em 1987, após 15 anos de casamento. Os conflitos e frustrações haviam nos desgastado a ponto de ambos questionarmos se valia a pena continuar juntos. Por mais que cada um quisesse preservar o casamento e a família, a tensão criada ao lidar com diferenças irreconciliáveis estava ficando insuportável. Chegamos ao ponto de entender por que casais que se amam escolhem o divórcio e sentíamos tristeza e alívio em reconhecer isso. A dor era imensa por estarmos prestes a terminar com nosso casamento, mas, ao mesmo tempo, aliviados com a perspectiva das brigas chegarem a um fim. Felizmente, ao encararmos a realidade do divórcio, percebemos o que iríamos perder e o quanto nós dois realmente queríamos preservar. Sabíamos que devia haver outra saída e isso nos ajudou a deixar de apenas tolerar nossas diferenças para começar a apreciá-las.

Tentar eliminar as diferenças não havia funcionado, então passamos a tentar vê-las com aceitação, gratidão e valorização, procurando descobrir suas dádivas ocultas. Sabíamos, ao menos de modo racional, que foram essas diferenças que nos aproximaram e atraíram mutuamente. Ao mesmo tempo, elas eram o gatilho que disparava nossas reações negativas. Assim, descobrimos: o que nos deixava loucos em relação ao outro e o que nos deixava loucos um pelo outro eram as mesmas coisas. O desafio estava em não tentar mudar o outro nem estar disposto a mudar pelo outro, mas em honrar nossa individualidade, fortalecendo nossos vínculos de respeito amoroso.

Aprender a enxergar as diferenças como ferramentas para nos tornarmos mais amorosos e realizados, e não como obstáculos a serem vencidos, negados ou eliminados alterou profundamente a forma de nos relacionarmos um com o outro e com todas as pessoas em nossas vidas. No trabalho com casais, descobrimos que, embora sejam necessários intenção e esforço para escolher essa orientação, não é necessário demorar tanto tempo para adotá-la quanto demorou para nós.

As experiências que nos derrubaram nos tornaram as pessoas que somos, e o aprendizado e a recuperação que acompanharam cada uma delas deram forma ao tesouro que é nosso relacionamento atual. Com a inabilidade de um ao tratar o outro, aprendemos paradoxalmente o verdadeiro significado de respeito. Pelo fato de nossa relação ter ficado por um fio em tantas ocasiões, com risco de separação e divórcio, aprendemos a nos importar mais com o outro, com a relação e com nós mesmos. Por termos quase acabado tudo, aprendemos a amar com uma enorme gratidão. Embora as lições aprendidas nesse processo não tenham sido fáceis, as recompensas pelo esforço são doces: harmonia, tranquilidade e alegria em abundância. Esperamos que esta obra o ajude a apreciar a poderosa força desta perspectiva, auxiliando-o a aplicá-la em seus relacionamentos.

O livro *101 coisas que não me contaram antes do casamento* é para qualquer pessoa que está, esteve ou estará comprometida com um relacionamento; qualquer um que já sentiu, em algum momento, que o casamento pode ser muito mais do que um acordo por conveniência, com o propósito de administrar obrigações, responsabilidades e necessidades pessoais. Para qualquer um que não esteja disposto a se acomodar antes de alcançar todos os tesouros disponíveis em uma vida de parceria verdadeira, e que acredite que o preço para esse empreendimento, por mais alto que pareça, é insignificante em comparação aos indescritíveis benefícios pessoais, para a família e para o mundo, a serem alcançados.

Somos duas pessoas comuns que por meio de uma combinação de boa sorte, ajuda de qualidade, trabalho árduo, compromisso e uma fé inabalável em nossa visão compartilhada conseguiram ultrapassar as provações do casamento e aprenderam com suas experiências. Não somos diferentes de ninguém e, se nós conseguimos, você também é capaz. Nas páginas a seguir, não vamos lhe dizer o que fazer, mas ofereceremos nossa fé no poder de sua vontade e nossa confiança na capacidade humana de se curar de um doloroso passado, tornando-se ainda mais forte no processo. Como ambos descobrimos, são as feridas que nos permitem desenvolver as qualidades que trazem mais alegria e amor para nossas vidas.

Fomos inspirados por clientes, alunos e professores a criar essa série de diretrizes que contêm os princípios que permitiram o florescer da nossa relação. Que essas lições poupem os jovens casais, que estão apenas começando, de alguns problemas; e que nosso aconselhamento forneça uma nova perspectiva dos ingredientes necessários para um relacionamento bem-sucedido aos casais mais antigos.

Em nossa experiência, comprovamos que a satisfação mais profunda que a vida tem a oferecer vem das relações mais íntimas. Ao aceitar os desafios de estar comprometido com o relacionamento, somos incitados a ver a grandiosidade do nosso ser. Mais do que qualquer outra relação, o casamento tem o potencial de despertar tanto nossos anseios e necessidades mais profundas, quanto nossas dores e medos mais secretos. Ao aprender a encarar todas essas forças poderosas com autenticidade e de coração aberto, podemos crescer em integridade, maturidade e compaixão.

Em um de seus workshops, Stephen Levine, autor de *Acolhendo a pessoa amada* (Editora Mandarin, 1996), chamou o casamento de "o mais perigoso dos esportes". Ele afirma que as pessoas podem aprender mais sobre si em uma semana de relacionamento do que sentados em uma caverna meditando durante um ano. Tendo experimentado tanto o casamento quanto a meditação, temos que concordar com ele: o desenvolvimento da consciência de si mesmo e do autoconhecimento pode se tornar o caminho e o resultado final de um bom casamento, mas o processo, embora simples, não é fácil. Nossa esperança é que este livro abra ainda mais seu coração e sua mente para os tesouros inexprimíveis, disponíveis na trajetória dos relacionamentos.

1

Grandes relacionamentos não acontecem por acaso, eles são criados

Os casamentos exemplares que conhecemos foram conquistados: essas relações são verdadeiras parcerias, fundadas sobre confiança mútua, adquirida e acumulada ao longo do tempo. As lutas e esforços para reconciliar o que muitas vezes parecem ser diferenças inconciliáveis constituem a base desses casamentos. Embora compatibilidades e interesses comuns nos unam inicialmente, não são suficientes para nos manter juntos com o passar do tempo e, sem desavenças, não há atrito e agitação suficientes para o amadurecimento.

Não precisamos buscar o estresse, a vida se incumbe de criá-lo e, invariavelmente, surgem obstáculos a serem superados pelo casal. Os desafios vão da desaprovação da família a problemas de saúde ou dificuldades financeiras, passando por estilos, valores e sistemas de crenças divergentes. À medida que o casal comprometido se depara com esses desafios e consegue superá-los somando esforços, o relacionamento se torna mais forte e resistente.

Os acontecimentos significativos vão se unindo com o passar dos anos: um toque suave para nos confortar quando estamos agitados, uma conversa íntima, rir juntos, uma xícara de chá quando estamos exaustos a um prato de sopa quando doentes, cuidados especiais para tornar a experiência sexual mais prazerosa, uma demonstração de orgulho pelas realizações do parceiro, atos de perdão e outros preciosos momentos de conexão, insight, compaixão e compreensão.

Essas interações são a fundação de um grande amor edificado ao longo do tempo.

Uma das atitudes mais importantes que podemos tomar para manter nossa relação forte e saudável é construir um vínculo de afeto. Ele começa como uma linha tênue que aos poucos se torna mais grossa e resistente. Quando o estresse inevitável da vida nos atinge, na forma de diferenças ou decepções, a linha pode enfraquecer, mas podemos, através de escolhas conscientes, compromisso e empenho, fortalecê-la gradualmente com atos sinceros de consideração, generosidade e bondade.

Criar uma reserva de boa vontade no relacionamento é como acumular dinheiro no banco. Esse "dinheiro" pode tomar várias formas: uma conversa, uma discussão na qual as diferenças são resolvidas, um olhar prolongado ou uma sincera expressão de agradecimento. Todas têm o objetivo comum de reafirmar o amor e o compromisso e se acumulam numa poupança. Quando temos recursos abundantes, podemos fazer retiradas nas épocas difíceis e viver a vida com paz de espírito, gozando de uma riqueza emocional sempre crescente.

2
A vulnerabilidade desarma

LINDA: As discussões não terminam quando uma das pessoas vence. Lançar mão da artilharia pesada, como ameaças, xingamentos, insultos e gritos, sempre gera um enorme desgaste. Podemos intimidar nosso parceiro, submetendo-o e ganhando a batalha, mas isso não significa que vencemos a guerra. Será simplesmente uma trégua temporária e geradora de tensão, pois o conflito foi apenas empurrado para baixo do tapete. O custo é a perda da confiança, da boa vontade, do carinho e do respeito.

Por muitos anos eu reagi às críticas de Charlie criticando-o de volta; esse padrão nunca fez nenhum de nós se sentir aceito ou compreendido. E daí se ambos estivéssemos certos? Isso não fazia diferença. Só quando parei de dizer "Você nunca me ouve" e "Você sempre tem que estar certo" é que o impasse começou a se dissolver. Em vez disso, passei a dizer "Quero muito que possamos nos entender" e "É tão doloroso para mim quando não nos comunicamos". Quando revelava minha dor e frustração em vez de "corrigir" os comentários de Charlie, a tensão entre nós abrandava e podíamos ouvir melhor um ao outro.

Para caminhar em direção à solução em épocas de tormenta, é preciso fazer o que mais queremos evitar: encontrar coragem para ser vulnerável. A paz da compreensão não resulta de esforços para que o parceiro retroceda; pare de brigar e ouça. Resulta, em vez disso, da abertura que surge quando estamos dispostos a desarmar nossas defesas. O desarmamento pessoal é o ato de sair da defensiva e falar a verdade do coração, mesmo diante do medo.

Quanto mais eu praticava, menos medo sentia e mais natural tornava-se baixar a guarda. Descobri que a coragem de ser honesto quase sempre evoca o mesmo da outra pessoa. Mas, independentemente de como o parceiro responda, a comunicação desarmada é em si uma dádiva transformadora para nós mesmos e para o relacionamento. Ao honrarmos nossa verdade, aprofundamos o desenvolvimento da autoconfiança, do amor-próprio e do respeito por si mesmo, enquanto simultaneamente geramos mais honestidade e integridade em nosso casamento. Quando oferecemos o que queremos receber, o processo se torna a própria recompensa.

A vulnerabilidade confere integridade e maior acesso ao próprio coração e à verdade mais profunda da experiência pessoal. Quando falamos de nossa vulnerabilidade, nos conectamos intimamente e criamos um ambiente seguro para o amor e a ternura florescerem, e isso já é uma vitória. A dádiva para o parceiro é a abertura do coração, o acesso aos sentimentos de doçura, bondade e carinho que se encontram logo abaixo da superfície de críticas e conflito.

3

Se o trabalho receber o melhor de você, seu casamento se esvaziará

Os pais de Phillip se divorciaram quando ele tinha 4 anos e ele foi criado pela mãe e por duas irmãs. A mãe não se casou novamente, e a família teve dificuldades financeiras durante toda sua infância. Enquanto crescia, ele jurava que nunca mais seria pobre e que seus filhos nunca deixariam de ter o que quer que desejassem. Phillip casou-se com Eileen, que reconhecia nele não apenas um homem de grande ambição, mas também de bondade e compaixão. Contudo, também via que as experiências da infância haviam lhe deixado feridas emocionais abertas. Ela o amava profundamente e tinha certeza de que seu amor repararia a insegurança que o impelia num esforço implacável em busca do sucesso.

Ao perceber que seus esforços não eram suficientes para neutralizar a ambição desmedida de Phillip, Eileen tornou-se ressentida e frustrada, acusando-o de se importar mais com o trabalho do que com a família. Ao que ele respondia: "Isso não é verdade. Eu tenho um compromisso com nossa família e não quero que as crianças passem o que passei enquanto crescia. Você não valoriza o que eu estou fazendo por vocês, você é uma ingrata."

As defesas de Phillip e a frustração de Eileen criaram o que parecia ser um beco sem saída. Mas o verdadeiro problema é que eles tinham se polarizado, tomando posições contrárias, levando a crer que Phillip precisava escolher entre favorecer a família ou o trabalho. Era como se Phillip e Eileen estivessem hipnotizados para ver as coisas como "isso ou aquilo". Essa visão impossibilitava que qualquer um dos dois ouvisse as verdadeiras perspectivas do outro.

O impasse foi quebrado no dia em que Eileen decidiu parar de criticar Phillip. Ela passou a refrear seu impulso de chamá-lo de viciado em trabalho e desatento à família, e passou a falar-lhe da dor de seu coração. Falou do quanto sentia sua falta e como ficava triste pelas crianças estarem crescendo sem a presença de um pai amoroso, como havia ocorrido com ele; que não queria que ele parasse de trabalhar, apenas que reservasse mais tempo para a família. Ao trocar a língua ferina de raiva que sentia pela suavidade do seu amor viu que, como resultado, Phillip aos poucos conseguiu ouvi-la sem ficar na defensiva ou irritado. Pela primeira vez, ele conseguiu vislumbrar a possibilidade de poder ter tanto o trabalho quanto a família. Dali em diante, Eileen e Phillip atuaram como parceiros, criando em conjunto uma vida que funcionava bem para todos. Embora ocasionalmente houvesse retrocessos e dificuldades, eles nunca mais voltaram ao padrão de antagonismo que quase destruiu o casamento.

4

Um dos melhores presentes que você pode oferecer ao seu parceiro é sua própria felicidade

CHARLIE: Assim como várias pessoas, cresci com a ideia de que em um casamento é necessário se sacrificar. Acreditava que os casais bem-sucedidos colocavam as necessidades do parceiro em primeiro plano, abrindo mão dos prazeres que não fossem de interesse comum, e não é de se admirar que eu não estivesse pulando de alegria com a perspectiva de me casar. Na sombra do meu eu independente e avesso a compromissos, estava o meu lado que desejava união, afeto e (sejamos honestos) sexo regular. Então, aos 25 anos, me casei. Dadas as minhas crenças, não é de surpreender que meus sentimentos estivessem confusos quando Linda e eu nos unimos. Em uma foto engraçada da cerimônia, meu olhar de consternação expõe essa ambivalência.

Para mim, a parte difícil do casamento foi me livrar das crenças que me prendiam e criar uma vida na qual eu pudesse ser feliz de verdade. Com tempo, esforço e apoio, esse objetivo foi sendo alcançado, principalmente devido à ajuda significativa que recebi de minha parceira: foi ela quem me encorajou e deu a força que não consegui dar a mim mesmo em várias ocasiões, quem me ajudou a ver que não precisava me tornar um mártir e me sacrificar para fazer nosso casamento dar certo e quem me mostrou que a responsabilidade de criar uma vida prazerosa e satisfatória para mim era tão importante quanto qualquer coisa que eu pudesse fazer para ela e para as crianças. Linda dizia: "O maior presente que você pode nos dar é sua própria felicidade. Não queremos um marido e um pai que se sinta infeliz e sobrecarregado, não importa o que mais você esteja trazendo para casa." Tive de ouvir isso várias vezes e de diferentes formas antes de finalmente compreender.

Aprendi que minhas responsabilidades comigo mesmo eram tão importantes quanto as responsabilidades com os outros. Passei a acreditar que a qualidade da minha vida não é menos importante do que a dos outros membros da minha família. É meu trabalho, e não o de Linda ou de qualquer outra pessoa, fazer com que minhas necessidades sejam atendidas e que eu me sinta satisfeito com a minha vida. Essa deve ter sido a lição mais valiosa que já aprendi, e continuo a aprender em níveis mais profundos. Agora vejo que a responsabilidade, no sentido mais verdadeiro da palavra, a responsabilidade por si próprio, não é uma obrigação ou um fardo pesado, mas sim uma dádiva, uma bênção.

A maioria das pessoas entra no casamento procurando os benefícios do acordo: amor, atenção, segurança, prazer, companheirismo e distração dos sentimentos ou pensamentos desagradáveis são alguns dos aspectos que nos compelem à parceria. Quando deixamos de responsabilizar o parceiro pela satisfação de nossas necessidades, tudo muda. Isso é mais fácil dito do que feito, mas talvez seja a escolha de maior importância que podemos fazer para garantir que nosso relacionamento seja mutuamente satisfatório. Cuidar de si mesmo não é egoísmo, é a atitude mais generosa e responsável que podemos tomar.

5
Há diferença entre julgar e sentenciar

Para viver de modo consciente, devemos estar sempre atentos: avaliamos o nível de risco, o custo/benefício, o decoro necessário em determinadas situações e precisamos fazer alguns julgamentos diariamente. Também fazemos julgamentos em nossos relacionamentos, mas às vezes esquecemos que eles são pessoais e temporários e os tomamos por verdades objetivas e permanentes. Sentenciar situações numa relação costuma ser desastroso porque, quando nos apegamos a uma caracterização fixa de nosso parceiro, temos muita dificuldade para descartar aquela avaliação e enxergá-lo de modo diferente.

Paul decidiu melhorar seu relacionamento: encomendou livros e fitas de autoajuda e se dedicou a eles, aceitou o desafio de acordar a cada dia inteiramente comprometido com o casamento. Seu aprendizado começou a se fazer notar na relação com Cookie: ele passou a levar flores para ela, parou de assistir à TV após o trabalho para perguntar como havia sido seu dia, parou de esperar que ela o servisse como uma garçonete e começou a dar mais atenção ao neto quando ele os visitava.

Mas, não importava o que fizesse, Cookie continuava a vê-lo a partir de sua antiga perspectiva. Era como se ela tivesse tirado uma fotografia de Paul anos antes e a colado no álbum de sua mente. Ela não conseguia virar a página, mantinha o álbum aberto naquela foto antiga e ficava olhando para ela. Cookie estava esperando a prova de que Paul não era confiável e, como ninguém é perfeito, é claro que ela a encontrou. Certo dia, quando Paul se distraiu e pediu que ela levasse seu café,

Cookie o confrontou com a acusação de que, na realidade, ele não havia mudado.

Após algum tempo, Paul começou a sentir que não adiantava tentar, porque mais cedo ou mais tarde cometeria um deslize com um comportamento antigo e Cookie voltaria a condená-lo. Embora inicialmente tivesse começado a mudar seu comportamento em prol do casamento, agora o fazia para si mesmo. Paul se deu conta de que não tinha qualquer controle sobre a forma como Cookie o enxergava, e sua visão inflexível em relação a ele fez dela a maior perdedora. Ficar apegada às suas sentenças a impediu de apreciar as mudanças de Paul e ela não conseguia ver que a relação deles havia de fato melhorado. Seu apego às suas sentenças foi tão forte que não permitiu que ela enxergasse o papel que estava desempenhando para o relacionamento continuar ruim.

Quando Paul finalmente disse a Cookie que não estava mais disposto a continuar tentando provar seu amor, ela tomou isso como mais uma prova de que ele realmente não se importava, de que estivera fingindo o tempo todo. Em seguida, Paul percebeu que não conseguiria persuadir Cookie a reconhecer que seu amor era sincero, e a imagem que ela tinha dele mantinha expectativas mínimas, para se proteger da dor e da decepção. Esse casal continuou junto, mas nunca foi realmente feliz. No final, o apego de Cookie às suas sentenças não permitiu que os dois vivessem uma união de contentamento e satisfação.

6

É possível odiar e amar uma pessoa ao mesmo tempo

LINDA: Amar alguém não significa que sempre teremos sentimentos amorosos e maravilhosos em relação à pessoa. O casamento é um guisado que ganha sabor com vários ingredientes, pode ser doce, apimentado, amargo, salgado e às vezes, tudo isso. Nossos sentimentos sempre mutáveis, sejam prazerosos ou dolorosos, não refletem a natureza do relacionamento: emoções fortes são inevitáveis em um casamento. Se pudermos aceitá-las sem julgar, elas podem voar livremente e nos apresentar aspectos pessoais ainda adormecidos.

O problema não é a presença de sentimentos considerados negativos, mas nossas reações e a maneira de respondermos internamente a eles, pois são esses fatores que determinam se o modo como nos sentimos vai aumentar ou diminuir nosso amor. Aceitar todos os sentimentos que surgem quando se está comprometido com o relacionamento nos permite aprender a amar mais plenamente e com mais profundidade.

Lembro-me de uma ocasião em que Charlie quebrou um acordo muito importante para mim: quando nossos filhos eram pequenos, decidimos que dividiríamos os cuidados com eles. O novo emprego de Charlie, porém, fazia com que ficasse muito tempo fora da cidade. Eu o havia incentivado a aceitar o trabalho, mas suas ausências se tornaram mais longas e frequentes do que esperávamos e percebi que era a única a cuidar das crianças. Fiquei furiosa! Como ele podia ser tão egoísta e ter tão pouca consideração? Afinal, com que tipo de canalha eu havia me envolvido? Será que eu queria mesmo ficar com ele? Era mais do que uma simples raiva, era ódio. Pelo menos, era isso que parecia na época.

Porém, mesmo em meio à minha implosão (naquela época eu não expressava grande parte da minha raiva), ouvia outra voz dentro de mim dizendo "Você ama esse cara". Lembro-me da confusão interna que senti ao perceber que junto ao ódio abrasador estava o mesmo amor que me era familiar. Minha forma simplista de pensar, com conceitos como bom/mau, certo/errado, preto/branco, isso/aquilo, foi desafiada. De alguma forma, parecia errado que o ódio e o amor pudessem ocorrer simultaneamente, mas lá estavam eles. Fui desafiada a aprender a sustentar a tensão dos opostos.

Embora minha mente não entendesse esse paradoxo, meu coração sabia que era a realidade. Em meio a esses momentos de raiva e de ódio extremos por Charlie, eu sabia que a intensidade das minhas emoções se devia à profundidade do meu amor e da minha paixão por ele. Ainda que, hoje em dia, eu às vezes sinta raiva de Charlie, ela costuma passar rapidamente, e logo volto a sentir o grande amor que está por trás de todos os meus outros sentimentos.

7

Ao se queixar do seu parceiro para os amigos, lembre-se de que a opinião deles se baseia em informações distorcidas

Todos na vida de Joan a aconselhavam a se divorciar, pois seu marido, Greg, tinha um caso havia meses. A desonestidade era mais dolorosa do que o caso em si, e ela duvidava que conseguiria voltar a confiar nele. "Livre-se dele!", postulava sua irmã, "Uma vez infiel, sempre infiel", disse sua melhor amiga. Seus amigos estavam bem-intencionados, mas eram parciais: estavam angustiados por vê-la sofrer tanto e queriam a velha Joan de volta. Ela sempre fora forte, mas agora mal conseguia manter sua vida estruturada. Para os observadores pode parecer fácil discernir entre algozes e vítimas, porém, após uma investigação mais detalhada, descobrimos que existem outros lados da história.

Joan teve sua parte no fracasso do casamento: por não receber o apoio emocional que esperava, estava com raiva e agia friamente com Greg havia muito tempo, e "dar um gelo" era sua maneira de fazê-lo pagar. Ela permitira que seu casamento de fachada continuasse. Como nem Joan nem Greg discutiam seus problemas, os dois haviam conspirado, silenciosa e inconscientemente, para criar um contexto que permitiu a deterioração do casamento. É claro que esse fato não justifica a infidelidade de Greg, mas Joan fora cúmplice na criação dos fatores que levaram ao caso extraconjugal. O processo de cura só pôde começar quando ela conseguiu reconhecer sua culpa e sua intenção de puni-lo quando deixou de expressar seus sentimentos mais profundos.

Os amigos e familiares de Joan reagiam a partir de pontos de vista limitados, de certo e errado, bom e mau, preto e branco. É difícil pedir a nossos amigos e familiares que vejam um quadro mais complexo, mas, se quisermos ajuda de qualidade, é isso que precisamos fazer. Devemos dizer: "Por favor, não tome partido. A melhor forma de apoio é me ajudar a perceber minha parte no rompimento." Caso contrário, talvez seja melhor não contar a ninguém nossa versão unilateral da história.

8

As regras de um casamento são escolhidas pelos dois

Quaisquer práticas ou regras que sejam acordadas por ambos podem funcionar num casamento, contanto que não façam mal a ninguém. Ao longo do tempo, é comum querermos modificá-las conforme mudam as condições e perspectivas. Ao examinar e debater sobre nossas experiências, podemos reavaliar as consequências desses acordos e então melhorar, reformular ou eliminar qualquer entendimento que já não funcione para os dois.

Ellen era uma advogada bem-sucedida que ganhava mais do que o marido, Herb. Após dar à luz a gêmeas, os dois decidiram que ele deixaria o emprego e ficaria em casa com as crianças. Os sogros do casal tinham uma opinião contrária à escolha pouco tradicional que eles fizeram, e alguns amigos disseram achar estranho que Herb fosse a "mamãe": achavam que ele não conseguiria se adequar ao papel que estava assumindo.

Apesar das opiniões contrárias, Herb e Ellen implementaram seu plano. Ele ficou em casa com as crianças e ela se tornou provedora da única fonte de renda da família. As meninas floresceram com os bons cuidados do pai, ele adorava ficar em casa com elas, e Ellen conseguia manter um bom contato com a família sem ter de abrir mão da carreira que lhe era tão gratificante. Herb cuidou delas até ingressarem no jardim de infância, então voltou a trabalhar. Apesar do julgamento dos familiares e amigos, a família prosperou.

Todos crescemos com algumas ideias fixas sobre o casamento, e é fácil esquecermos que muitas delas não representam as coisas como *têm* que ser, mas, na realidade, elas estão sujeitas a interpretações e modificações. Embora as tradições religiosas e sociais ajudem a estabelecer alguns princípios para o funcionamento do casamento, a relação corre o risco de perder a vitalidade e a paixão quando não incorpora as necessidades e os interesses em constante mudança de cada parceiro. O casamento não é uma entidade imutável, mas sim um projeto em constante transformação. Os bons casamentos dificilmente prosperam por se basearem em tradições não reavaliadas, eles florescem quando são continuamente recriados pelos parceiros.

9

O compromisso não é uma prisão, é um caminho para a liberdade

CHARLIE: Quando fiz essa observação ao meu amigo solteiro, Howard, ele me olhou como se eu tivesse perdido totalmente o juízo. Não posso culpá-lo. Há pouco tempo, eu também achava que "compromisso" era um palavrão. Somente após estar com Linda por alguns anos deixei de me sentir preso em uma armadilha e comecei a experimentar a natureza libertadora de um compromisso verdadeiro.

Antes disso, o problema era eu não estar realmente comprometido com o casamento. Claro que eu tentava manter as promessas e os votos que decidimos que iriam definir nossa relação, mas isso era mais uma questão de honrar minha palavra do que de entender o espírito desses acordos, e na maior parte do tempo eu tinha a sensação de estar seguindo as regras sem realmente compreender a essência do pacto.

Eu me mantinha resistente, o que se manifestava em pensamentos sobre como seria a vida se eu não tivesse me casado: inveja de outros homens que não estavam amarrados e ressentimento por ter perdido minha liberdade tão cedo. Esses pensamentos costumavam me deixar com pena de mim mesmo e, nesses dias, eu frequentemente me surpreendia criticando Linda e arrumando brigas para dar vazão à insatisfação que eu criara.

Graças a uma combinação de perseverança, ajuda de qualidade, apoio de amigos, da compreensão de Linda e da maturidade que adquirimos ao viver uma mesma situação por muito tempo, cresci aos poucos, vencendo a sensação de estar preso. Comecei a apreciar as bênçãos e os benefícios de compartilhar uma relação com uma parceira amorosa e presente. Passei a valorizar a segurança de dividir a vida com alguém que conhece seu melhor e seu pior, e que não deixa de oferecer apoio quando você está em um dia ruim. Passei a acreditar que não havia nada que eu pudesse fazer para diminuir o amor de Linda, e isso liberou a energia que antes estava presa num esforço de buscar aprovação, que se repetira em todas as minhas relações.

Conforme nossa capacidade de amar o outro cresce, somos mais capazes de relaxar, sabendo que nos amam pelo que somos, não pelo que fazemos. Com o tempo, desenvolvemos uma nova fonte de amor-próprio. Sentir-se amado e realmente permitir isso proporciona uma liberdade fantástica: fica-se livre do medo de perder o outro e livre para ser inteiramente você mesmo.

10

Não é o conflito que destrói os casamentos, mas o ressentimento frio e reprimido gerado pela mágoa

LINDA: Quando criança, sofri muito por causa da raiva e, como forma de me proteger das emoções fortes, tornei-me complacente. Eu sabia que quando os ânimos esquentavam alguém saía machucado, e esse alguém poderia ser eu, então passei a ignorar as diferenças e a evitar conflitos sempre que possível. Quando ficava com raiva, enterrava o sentimento ruim e fingia estar tudo bem. Continuei a usar essa técnica mesmo depois do casamento, até perceber o quanto isso me custava. Embora Charlie e eu não discutíssemos muito, durante anos sentia-me uma vítima sempre que isso ocorria, com pena de mim mesma e muito ressentida com a aparente injustiça da relação.

Era eu, não Charlie, quem não aceitava os momentos de raiva. Quando brigávamos, geralmente era devido à minha incapacidade de me expressar honestamente, e Charlie ficava irritado quando descobria que eu estava escondendo meus sentimentos. Com o tempo, a tensão se tornou insuportável e eu já não conseguia mais fingir que estava tudo bem. Quando finalmente liberei a minha raiva, percebi que nosso casamento não só sobreviveu, como também melhorou: as diferenças criavam uma quantidade saudável de conflitos, que trouxeram à relação uma paixão que gerou maior intimidade e honestidade.

Ter menos medo dos conflitos que podem surgir das diferenças é um dos benefícios de confrontar a raiva mais diretamente. Agora não hesito ao perceber a possibilidade de uma desavença entre nós, em vez disso, sinto certa curiosidade e interesse, talvez até um pouco de excitação. Nunca imaginei que fosse perder meu medo de conflito, mas perdi. Chamar isso de milagre pode parecer exagero, mas é o que eu sinto.

11
Ao escolher a monogamia, mantenha-se firme

CHARLIE: Talvez nenhum aspecto do casamento seja mais controverso, desafiador e mal-entendido do que a monogamia. Mais do que um acordo de exclusividade sexual, a monogamia é o compromisso de consagrar o casamento, ao manter nossas experiências mais íntimas dentro do relacionamento. Esse compromisso não limita as experiências, mas as aprofunda.

Quando dedicamos nossa exclusividade sexual à relação, temos a oportunidade de conhecer e descobrir um ao outro e a nós mesmos de maneiras mais sutis e prazerosas, e nossa vida conjugal não perde o encanto. Nesse compromisso mútuo, o tédio e a indiferença não sobrevivem: um casal pode sentir excitação, paixão e surpresa juntos, mesmo após sessenta anos.

Quando a energia sexual não está focada dessa forma, até mesmo a intensidade de um novo romance pode desvanecer rapidamente e tornar o relacionamento desinteressante e insípido. Quando nos sentimos atraídos por outra pessoa, a verdadeira pergunta que devemos fazer não é "O que há de errado com meu casamento?", mas sim "Que tipo de atenção paramos de dar um ao outro?" e "Qual é o vazio dentro de mim que pretendo preencher com a excitação de uma nova paixão?". Quando transferimos a energia e a atenção criadas por um novo romance para um casamento com maior confiança e intimidade, o desejo de estar com outras pessoas perde sua influência sobre nós.

Não é fácil manter o compromisso matrimonial, o desejo por intimidade física com outras pessoas pode persistir, não importa quanto amor houver na relação. Se não encararmos nossa resistência à tentação, nosso sacrifício, como a oferta sagrada que é, provavelmente sentiremos privação, ressentimento e autocomiseração, que podem acabar levando à infidelidade sexual.

Nos primeiros anos de casado tive dificuldades em manter meu compromisso com a monogamia, sei o quanto isso é difícil. Por sorte, Linda e eu conseguimos restabelecer a confiança abalada devido às minhas ações e reparar os danos antes de o relacionamento se deteriorar demais. Acredito que não teríamos conseguido fazer isso caso eu tivesse optado por mentir, em vez de admitir a verdade para Linda. Discutir essas experiências nos ajudou a redescobrir que nosso compromisso com a monogamia é um presente de um ao outro, não um sofrimento que temos que suportar. Ocasionalmente, sinto-me atraído por outras pessoas, mas aprendi a lidar com o desejo e a evitar agir impulsivamente.

Com o tempo, a monogamia se transforma na prática por meio da qual desenvolvemos e fortalecemos várias das qualidades necessárias a um casamento sólido. Ao nos comprometermos com ela, concordamos com muito mais do que apenas exclusividade sexual. Afirmamos que faremos todo o possível para manter um alto nível de autenticidade e integridade em nossa relação. As recompensas de uma parceria que evolui e cresce continuamente se tornam mais atrativas do que um prazer fugaz, que é tentador, porém muito menos satisfatório.

Afinal, a questão da monogamia não é moral. É, em essência, uma forma elevada de interesse próprio. Mantê-la cria um relacionamento no qual podemos experimentar maior profundidade e satisfação e níveis mais elevados de autoconsciência e autodesenvolvimento.

12

Não importa o que você tem, mas como aproveita isso

Sugie tinha 53 anos quando sua mãe morreu. Por ele sempre ter morado com ela e nunca ter se casado, foi uma perda muito sofrida. Antes de ela morrer, ele esporadicamente saía com mulheres diferentes, mas agora resolvera encontrar uma esposa. Sugie não era exatamente um solteiro desejável: era baixo, gordinho e careca, mas tinha muito amor a oferecer. Tentou com afinco encontrar uma parceira, e após esgotar as possibilidades em sua pequena cidade em West Virginia, foi para o estado de Kentucky e começou a colocar anúncios no jornal local da cidade onde alguns amigos moravam.

Tess tinha 48 anos quando respondeu ao anúncio de Sugie. Ela passara a vida inteira nas montanhas, seus dois maridos anteriores eram mineradores de carvão, que ficaram doentes e morreram cedo. Sugie e Tess tinham em comum o sofrimento, a solidão e os sonhos de um dia encontrar um amor terno. Quando se conheceram, sentiram uma conexão forte e instantânea.

Quando Sugie e Tess fazem sua caminhada diária ao pôr do sol, andam de mãos dadas. Estão imensamente felizes por terem encontrado um ao outro. As pessoas que conheciam Sugie achavam que ele ficaria solteiro pelo resto da vida, acreditavam que estivesse apenas sonhando acordado ao dizer: "Quando estiver casado..." Mas ele sabia que, com seu jeito quieto e determinado, um dia realizaria o desejo mais profundo do seu coração. Lembro-me de que Sugie costumava dizer: "Eu sempre soube que as palavras da minha avó Bertie eram verdadeiras: 'Toda panela tem uma tampa', dizia ela."

13

Mesmo os bons casamentos têm fases, e podem ocorrer alguns momentos difíceis

Sob a influência do mito "felizes para sempre" podemos ter a ilusão de que os bons casamentos são feitos só de ternura e alegria, sem fases de escuridão e dor. Para um casal, ser louco um pelo outro infelizmente não garante felicidade eterna ou uma relação sem conflitos. Há momentos difíceis em todos os casamentos e pode ser um choque descobrir que o nível de confiança aumenta ou diminui, assim como os sentimentos de boa vontade entre os dois. Podemos evitar passar por fases de incerteza, medo, decepção e até mesmo traição, e quando o inevitável ocorre, podemos ficar furiosos, atordoados e até mesmo duvidar que o casamento sobreviverá a tal período de crise.

Sua fé será testada em todos os relacionamentos, não apenas nos "difíceis". As relações que crescem em vez de sucumbir a essas provas se distinguem não pela profundidade dos desafios, mas pela disposição dos parceiros a encarar tudo de forma direta e honesta. Essa disposição promove a força que nos move nos momentos difíceis. Assim como após o inverno vem a primavera, ao vencermos as dificuldades, a relação renascerá.

Brandon e Suzanne eram casados e tinham dois filhos. Eles se amavam, mas não conseguiam se livrar de um grave problema: Brandon era viciado em jogo. Com o tempo, a sensação de impotência dominou Suzanne e, aos poucos, seu amor foi contaminado pelo ressentimento. Ela tentou tudo que podia imaginar para ajudar Brandon, mas nada funcionava. As mentiras dele faziam tanto mal ao casamento quanto as perdas financeiras. No final, Suzanne mal conseguia olhar para ele, e ambos sabiam que o casamento havia acabado. Separaram-se e começaram a planejar o divórcio: ele foi morar em outro bairro e ela ficou na casa com as crianças.

Sem o constante monitoramento de Suzanne, Brandon mergulhou ainda mais fundo em seu vício. Embora esperasse se sentir livre sem as restrições dela, para sua surpresa, sentia enorme solidão e vergonha e até mesmo o jogo perdera o poder de amenizar sua dor. Ele finalmente chegou ao fundo do poço. Por desespero, gradualmente encontrou motivação para mudar sua vida.

Brandon deu o primeiro passo, começou a fazer terapia e a participar das reuniões dos Jogadores Anônimos; aos poucos, se deu conta de como velhas feridas deram origem à sua necessidade de estímulo e excitação constantes. Nos dias de visita às crianças, Brandon tentava restabelecer o vínculo emocional com Suzanne, que reagia com frieza e formalidade. Ele tentou lhe falar sobre seus feitos e recuperação, mas ela ignorava seus esforços. Ele escreveu cartas, sem obter resposta, mas continuou tentando. Brandon esforçou-se para reconquistá-la. Estava convencido de que tinha mudado e de que era digno de seu amor e confiança. Estava determinado não apenas a lhe dizer isso, mas também a prová-lo. Foi um longo e árduo inverno.

Após um tempo, a primavera chegou. Um ano e meio depois do divórcio, os sentimentos de Suzanne por Brandon começaram a renascer e ela se permitiu começar a confiar no que ele dizia e fazia, apesar do medo de sofrer novamente com a traição e a decepção. Passou a confiar em Brandon o suficiente para permitir que ele voltasse a morar com a família, e dois anos após o divórcio eles se casaram de novo. Tiveram mais dois filhos, e Brandon continua na linha há dez anos, sem mostrar sinais de recaída. O mais importante é que ele demonstra seu compromisso em ser um marido e pai amoroso e responsável com suas ações, não apenas com suas palavras, por isso hoje eles têm um casamento muito mais sólido do que o primeiro.

A maioria dos casais não passa por rompimentos e reconciliações tão dramáticos como o de Brandon e Suzanne, mas quase todos passam por alguma versão do ciclo de morte e renascimento. Às vezes, um inverno mais rigoroso é prenúncio de uma primavera renovadora.

14

Sua principal relação é com seu parceiro, não com seus filhos

Quando negligenciamos nosso relacionamento em prol dos filhos, não estamos atendendo às necessidades deles. Às vezes pode parecer que há uma competição por atenção entre o parceiro e os filhos, mas se nos damos conta de que o bem-estar das crianças está diretamente ligado ao bem-estar do nosso casamento, nos sentimos menos culpados ou negligentes quando cuidamos de nossa principal relação.

Para Betty, as crianças sempre vinham em primeiro lugar: ela dizia que o marido Stefan era adulto, podia tomar conta de si mesmo e não precisava de tanta atenção. Nem mesmo quando as crianças entraram na adolescência e se tornaram jovens adultos ela mudou a postura, que justificava dizendo a Stefan:

– Você não está dando atenção suficiente para eles, então eu tenho que fazê-lo.

– Não estou fazendo isso porque eles precisam andar com os próprios pés. Quando é que você vai deixá-los crescer? – respondia ele.

– Você não se importa com seus próprios filhos! – dizia Betty, em lágrimas.

Eles tiveram essa conversa centenas de vezes no decorrer do casamento. Infelizmente, nenhum dos dois conseguia ver que a maior vítima da crise não era o bem-estar dos filhos, mas sim do relacionamento e por anos a relação definhou devido à falta de atenção, enquanto Betty e Stefan discutiam sobre as necessidades das crianças. Seus filhos cresceram, tornaram-se adultos, mas o casamento não amadureceu nem um pouco.

A atenção incansável de Betty aos filhos era uma forma de evitar os verdadeiros problemas do casamento, que ficou carente de afeto e cuidados. A falta de disposição de Stefan para alimentar o casamento, reconhecendo sua própria solidão e tristeza, servia para perpetuar o erro. De forma irônica, porém previsível, os filhos por quem Betty sacrificara seu casamento também sofreram: perderam não só a qualidade do apoio que precisavam para se tornar pessoas mais independentes e responsáveis, mas perderam também a oportunidade de crescer sob os cuidados de um relacionamento amoroso. Como resultado, nenhum dos dois tinha grandes expectativas de ter um casamento bem-sucedido. Betty e Stefan conseguiram ficar juntos mesmo após os filhos saírem de casa, mas sua vida conjugal continuou pouco satisfatória, porque nunca resolveram os problemas verdadeiros. Ficaram juntos porque era mais fácil continuar como estavam e porque tinham medo de ficar sozinhos.

Um dos maiores presentes que podemos dar aos filhos é a demonstração de um casamento feliz. Mais do que qualquer coisa, esse exemplo apoia e encoraja a possibilidade de construírem um bom relacionamento em suas próprias vidas. A hora de aprender sobre as bênçãos de um casamento não é após as crianças saírem de casa, se não souberem até então, é provável que seja tarde demais: o modelo de um casamento saudável é estabelecido ao longo do crescimento dos filhos.

15
Se você pensa que é bom demais para seu parceiro, reconsidere

Fran e Erik se casaram muito jovens. Fran tinha sido a "filhinha do papai", sempre mimada e favorecida por um pai que a tratava como se ela não fosse capaz de fazer nada errado. Erik a adorava e fazia de tudo para tentar vê-la feliz. Infelizmente, ela nunca ficava realmente satisfeita com o que Erik tinha a oferecer, era fria e distante, indiferente às várias demonstrações de afeto do marido. No Natal, Erik passou muito tempo pensando em qual presente comprar. Foi a quase 12 lojas e finalmente escolheu um vestido vermelho que ficaria lindo nela. Na manhã de Natal, observava ansiosamente enquanto ela abria o presente, esperando que ficasse tão satisfeita com o vestido quanto ele. Quando ela tirou o vestido da caixa, ele percebeu pela expressão em seu rosto que falhara de novo, embora Fran tivesse agradecido educadamente, Erik sabia que ela trocaria o vestido. Quando começou a fechar a caixa, ele perguntou se ela não ia nem experimentá-lo. "Ele não é o meu estilo", respondeu friamente.

Erik ficou magoado. O evento foi uma boa representação do casamento deles: Erik dava o melhor de si, e Fran esperava que ele soubesse o que ela queria, e depois o julgava um fracasso em relação às suas expectativas. Dali a poucas semanas, Erik pediu o divórcio: ela ficou chocada. Embora Fran suspeitasse de que cedo ou tarde a relação terminaria, nunca imaginou que a iniciativa fosse vir de Erik. Foi um golpe duro, que provocou um processo doloroso de autoavaliação e a levou a ver que suas expectativas impossíveis haviam destruído o casamento.

Erik casou-se com alguém que o apreciava. Com o tempo, Fran entendeu e se arrependeu da dor que infligira ao ex-marido devido à imagem exagerada que tinha de si mesma. A lição foi dura e lhe custou a perda do casamento. O vestido vermelho se tornou um símbolo nas relações subsequentes, lembrando-a de não cair de volta na antiga soberba. Fran finalmente abandonou o ar de superioridade e casou-se de novo. Tornou-se uma pessoa mais bondosa e generosa no segundo casamento. Aprendeu o verdadeiro significado da palavra "humildade" e descobriu que não era necessário sacrificar seu poder pessoal ou o respeito por si mesma. Aprendeu que não era sábio querer que o casamento a fizesse feliz, melhor seria usar seu relacionamento para se tornar uma pessoa mais amorosa e realizada.

16

Crescer em uma família feliz não garante um bom casamento, assim como crescer em uma família infeliz não o impede

LINDA: Tenho uma amiga chamada Sally. É uma daquelas poucas pessoas que cresceram em uma família segura, amorosa e feliz. Seus pais se amavam muito, eram dedicados e lhe deram estrutura suficiente para que se sentisse segura e livre para explorar e investigar o mundo, sua avó morava com a família e também era muito amorosa. Não havia gritos e todos conversavam quando era necessário tomar uma decisão. Sally cresceu em meio à generosidade e ao amor de três adultos, e foi a primeira pessoa que conheci com uma família desse tipo. Eu pressupunha que uma pessoa que crescesse em circunstâncias tão idílicas teria a garantia de uma vida harmoniosa e de um casamento feliz, mas não é assim que acontece. Embora Sally tenha um casamento feliz atualmente, teve várias dificuldades para chegar a tanto, tendo que aprender a brigar e a impor limites, algo que, quando criança, ela nunca precisara fazer.

Minha infância, diferente de Sally, não foi nem um pouco ideal. Casei-me com medo de que as experiências familiares do passado limitassem minha capacidade de criar o tipo de vida que eu gostaria de ter com Charlie. Eu invejava aqueles que foram abençoados por crescer em uma família feliz. Contudo, percebi que, embora eles tenham a vantagem de saber como um casamento feliz pode ser, ainda precisam trabalhar suas próprias questões, como todos nós. A maioria das pessoas vem de famílias que estão longe de ser perfeitas, para dizer o mínimo. Nossos pais, assim como os pais deles, tinham uma capacidade limitada de oferecer amor incondicional, deixando-nos com feridas e decepções que levamos para nossas relações adultas.

Essas feridas não limitam nossa capacidade de amar. Na realidade, podem ser o caminho para desenvolvermos mais compaixão e sensibilidade em relação aos outros e a nós mesmos. Com o tempo, entendemos que as experiências passadas não necessariamente limitam nossa capacidade de oferecer e receber amor: pelo contrário, nosso potencial amoroso se aprofunda quando vivemos e aprendemos com nossas experiências dolorosas. As feridas se tornam as professoras enquanto reaprendemos a manter o coração aberto. Quando analisamos mágoas antigas de maneira suave, cuidadosa e sábia, elas se tornam o caminho para um amor mais incrível do que podemos imaginar.

17

Nunca é tarde demais para recuperar a confiança abalada

Não há limites preestabelecidos em relação a sentimentos feridos ou confiança abalada. A má notícia é que a dor de questões em aberto pode continuar por anos a fio; a boa notícia é que nunca é tarde demais para curar as feridas, mesmo que tenham ocorrido há muito tempo.

Rose tinha 69 anos e Harry 78 quando ele sofreu um grave ataque cardíaco, e, por cerca de dois anos, Rose dedicou-se à recuperação de Harry. Ambos concordaram que sua devoção e cuidados literalmente salvaram a vida dele. Contudo, durante o período em que cuidou de Harry, Rose exagerou e começou a sofrer de "fadiga por compaixão". Pouco tempo após a recuperação dele, Rose ficou doente e deprimida. Eles eram sócios em um empreendimento bem-sucedido e estavam diante da possibilidade de perdê-lo devido à deterioração da saúde de ambos. Como achavam que ainda não era hora de se aposentar, lutaram para salvar o negócio, apesar da infelicidade, da exaustão e do crescente ressentimento de Rose.

Harry abraçou a oportunidade de retribuir a devoção da esposa e passou a cuidar dela com afinco, conforme sua saúde foi voltando. Mas os acontecimentos não seguiram conforme o planejado: Rose não confiava na profundidade dos sentimentos de Harry por ela e tinha medo de que, se realmente precisasse, ele não a apoiaria. Consequentemente, Harry muitas vezes sentia que era incapaz de agir de maneira correta aos olhos dela, e frustrava-se por seus esforços não a agradarem.

Rose reconhecia que o relacionamento não era fundamentado em uma intimidade profunda e temia ser tarde demais.

Juntos decidiram procurar uma terapia para casais. Harry aprendeu a ser mais compreensivo com Rose e mais paciente consigo mesmo. Parou de discutir, o que antes gerava disputas de poder, e passou a demonstrar seu amor e gratidão, sem se importar com o modo como ela respondia. Como forma de demonstrar seu amor, Harry ia à terapia individual e de casal toda semana. Também passou a fazer as compras, cozinhar e dizer diariamente que a amava. Procurou possíveis compradores para o negócio, levou-a ao Havaí e passou a escutar pacientemente suas queixas, reagindo menos aos seus excessos e críticas. Ele até fez canja de galinha pela primeira vez na vida!

Além de a vida sexual deles não ser ativa havia seis anos, os roncos, a tosse e a agitação de Harry fizeram com que dormissem em quartos separados. Eles concordaram em experimentar deitar na cama, lado a lado para ficarem próximos antes de irem para seus quartos. Aos poucos, o sentimento de bondade e ternura voltou ao casamento. Com o passar de alguns meses, sua intimidade aumentou, e Rose acabou aceitando os esforços de Harry, tornando-se mais suave e amorosa. Os meses de atenção à relação geravam uma ternura e confiança que eles nunca haviam experimentado e, finalmente, conseguiram desenvolver o amor que sempre desejaram.

18
Segredos são mentiras

Angela queria tanto se casar com Ted que concordou em não ter filhos, embora nutrisse em seu coração a esperança de fazê-lo mudar de ideia. Após oito anos de casamento, Ted descobriu que ela fizera um contrato com um banco de esperma e gastara, em 18 meses, milhares de dólares tentando engravidar. Certo dia, quando viu uma conta em casa, Ted perguntou a Angela do que se tratava. Incapaz de continuar escondendo e incomodada por tê-lo enganado, a mulher finalmente contou a verdade. Ele ficou abismado:

– Não acredito que você tenha me enganado! Como pôde mentir assim pra mim?

– Eu nunca menti, só não contei o que estava fazendo. Era um segredo.

– Você mentiu para mim! E também mentiu quando me disse que não queria ter filhos – gritou Ted.

– Isso não é verdade. Eu realmente achava que não ia me importar em não ter filhos, mas meus sentimentos mudaram e tive medo de lhe contar, de que você não entendesse e não quisesse mudar sua decisão original.

– Então você também mentiu para mim quando mudou de ideia – disse ele.

– Não, só não falei nada. Isso também era segredo.

Não nos surpreende que Ted e Angela não tenham continuado juntos. Não só pela questão dos filhos, mas porque esse exemplo foi apenas um entre várias outras omissões. Ambos racionalizavam, achando que o outro não compreenderia ou que discutir certos assuntos poderia piorar a situação. O maior problema foi acreditar que tais segredos não eram mentiras, mas apenas omissões, e que de algum modo poderiam ser desculpadas mais facilmente.

Qualquer tentativa premeditada de enganar o outro sobre como nos sentimos ou o que fizemos é danosa à relação. Chamá-las de mentiras ou segredos é irrelevante, o que importa é a intenção. Quando queremos criar uma impressão enganosa, mesmo que o desejo seja de "proteger" nosso companheiro, o resultado da descoberta sempre será a diminuição da confiança, pois o casamento requer um alto nível de integridade, como qualquer compromisso em nossas vidas. Acabar com os segredos não nos tira a privacidade, e quando nos comprometemos com esse alto nível de integridade, nossa relação prospera.

19

O sexo pode melhorar com a idade

Uma das queixas mais comuns dos casais é a de que sua vida sexual ficou sem graça, que o fogo que acendia sua paixão diminuiu ou até mesmo se extinguiu. Embora com o tempo a satisfação sexual diminua para alguns casais, isso não é inevitável. Em vários casos, os fatores de maior impacto sobre a qualidade da experiência sexual são as expectativas e o grau de confiança na relação. Acreditamos que os três aspectos que mais contribuem para a diminuição da vida sexual são: 1) a crença de que isso é inevitável, 2) a diminuição ou perda de confiança devido a sentimentos reprimidos ou mal resolvidos entre o casal e 3) a tendência a responsabilizar a outra pessoa pela vitalidade da relação. Quando os casais se queixam, dizendo: "O brilho do nosso casamento acabou", isso geralmente se deve a uma ou mais condições enumeradas. O verdadeiro problema costuma estar ligado a estados mentais defensivos que limitam o relacionamento autêntico. É mais uma "rigidez" de atitude do que um desgaste da anatomia.

Para muitos casais, o sexo melhora com o tempo. Embora a experiência sexual esteja sujeita a perder parte do fogo e da intensidade dos primeiros anos de paixão, ela pode se tornar mais terna, rica e com maior deleite sensual. À medida que conhecemos a mente, o corpo e a alma do outro mais intimamente, passamos a reagir não só de modo fisicamente estimulante, mas também de maneira emocional e espiritualmente enriquecedora. Ao envelhecermos e nos tornarmos mais intensos, como resultado das experiências da vida, percebemos que somos mais do que nossos corpos amadurecidos e podemos desfrutar o tipo de união mais tranquila e espontânea que surge quando as pessoas se conhecem profundamente.

A ansiedade do desempenho e o constrangimento se dissipam, e podemos nos deleitar com a descoberta sensorial sem inibições. Esse tipo de troca de prazeres engloba mais que os genitais ou o corpo e se estende à totalidade do ser e só é possível após nos libertarmos das garras limitadoras das expectativas. A confiança e a intimidade profundas, resultado de anos de relacionamento autêntico, expandem nossa capacidade de contentamento por meio da experiência compartilhada. Enquanto houver crescimento mútuo, a relação sexual nunca ficará sem sal ou tediosa. Conforme nossa capacidade de viver mais plenamente aumenta, o mesmo ocorre com a capacidade de nos conectarmos com o outro, não apenas sexualmente, mas de todas as formas possíveis.

20

Se você está acompanhando o ritmo das pessoas à sua volta, provavelmente está indo rápido demais

LINDA: Durante grande parte de minha vida acreditei que quanto mais em menos tempo, melhor. Agora sou uma ansiosa em recuperação, e a vida está bem mais doce, embora a mudança não tenha sido fácil. Quando queria continuar na cama de manhã, me aconchegar antes de começar o dia, era comum me deparar com a resistência de Charlie e com minha vontade de correr para fazer tudo. Uma voz na minha cabeça gritava: "Levante-se, não perca tempo, há muito o que fazer, não seja preguiçosa!" Quando eu queria ir para a cama mais cedo e relaxar após um dia cheio, a autocrítica me acusava de fraqueza e insistia para que eu me forçasse a ser produtiva até tarde da noite. Eu abarrotava todos os dias com inúmeras atividades, conversas, telefonemas, encontros e incumbências. Todos ao meu redor pareciam estar indo tão ou mais rápido, correndo tanto ou mais que eu, e nós sempre sem fôlego.

Então, um dia recebi a chocante notícia de que estava com câncer, e de uma hora para outra tudo mudou. Não há nada como uma doença que ameace a vida para forçar uma pessoa a olhar tudo sob nova perspectiva. Subitamente, aquilo que tinha tanta importância pareceu trivial. Encher a vida com atividades que me mantinham ocupada durante todo o dia já não fazia sentido. Minhas prioridades mudaram drasticamente conforme perdia grande parte da motivação que me impelia a executar e conseguir coisas. Parei de viver para me preocupar e comecei a me preocupar em viver, mais consciente do que era importante para mim, do que meu coração realmente desejava.

As primeiras mudanças que percebi foram o anseio de mais intimidade com Charlie e a sensação de tristeza por não tê-la. Embora nos últimos anos estivéssemos passando mais tempo juntos, eu queria ainda mais, mas temia ser gananciosa. O câncer mudou isso, Charlie e eu começamos a criar novos momentos de intimidade, que iam de pequenos intervalos durante o trabalho a escapadas de fim de semana juntos e férias sem as crianças, o que raramente fazíamos antes. Parei de correr, contratei pessoas para trabalhar comigo e fiz todo o necessário para diminuir meu ritmo.

Descobri que, embora possa ser muito estimulante e excitante, a vida corrida nem sempre promove relacionamentos amorosos e íntimos. A mente viaja mais rápido que o coração, e o vínculo que buscamos com nosso amado necessita de um tempo mais lento. Porém, se quisermos diminuir o ritmo, precisamos estar dispostos a viver a ansiedade e a impaciência que geralmente acompanham tal mudança. Ir mais devagar, ficar mais quieto e prestar mais atenção aos nossos próprios sentimentos e necessidades, assim como aos do nosso parceiro, terá mais resultados que qualquer outra tentativa de restaurar a saúde e o bem-estar em nossas vidas e relacionamentos. Perder o vício da ansiedade pode levar um tempo, mas, uma vez feito, nossas vidas serão transformadas de forma positiva e permanente.

21
Se você não consegue ser feliz sem seu parceiro, vocês não serão felizes juntos

CHARLIE: Se pensarmos bem, há uma única razão para nos casarmos: acreditamos que seremos mais felizes assim que solteiros. A felicidade é o maior desejo dos seres humanos, que farão o que acharem necessário para tornar suas vidas melhores. Casei-me com Linda porque me sentia melhor ao seu lado e acreditava que, se ficássemos juntos, poderíamos ser ainda mais felizes. Parecíamos fazer bem um para o outro, mas éramos apenas jovens e imaturos, sem disposição para tentar descobrir por que não éramos tão felizes quanto gostaríamos, separados. Sabíamos que a vida era melhor, mais fácil e menos solitária quando estávamos juntos, mas nem sempre era assim. Achávamos que as dificuldades existiam porque um de nós estava sendo egoísta, recusando o que o outro desejava naquele momento, seja intimidade, apreciação, sexo, atenção ou compreensão. Ou achávamos que o outro estava oferecendo demais algo que não queríamos, como conselhos, críticas, controle, julgamento, ressentimento, desilusão ou distância.

Só após alguns anos de casados, ficou claro para nós que a felicidade individual dependia apenas de nós mesmos. Enquanto responsabilizássemos o outro pela nossa satisfação, não haveria fim para a culpa, ressentimento e autocomiseração. Há uma enorme diferença entre desfrutar a felicidade que o parceiro traz à sua vida e encarar como uma obrigação do outro fazer você feliz.

Infelizmente, muitos entram no casamento acreditando que serão resgatados, num passe de mágica, da infelicidade de se sentir pouco amado, desvalorizado, solitário, inseguro ou deprimido. A crença em que "o amor cura todas as feridas" é ainda muito disseminada em nossa cultura, e é um mito que precisa ser esquecido.

Quando sua felicidade precisa de outra pessoa, o que se tem não é amor, é dependência. Apesar dos ideais de música country, o amor verdadeiro não tem nada de "estou tão só que poderia morrer" ou "não sou nada sem você", nem é sentir que "você é meu mundo, você é meu tudo". Essa pode ser a essência das baladas românticas, mas na prática é uma receita para a dependência excessiva, que fomenta o controle, o ressentimento e a infelicidade. Quanto maior sua capacidade de se sentir bem sozinho, que é o mesmo que ter alegria, mais feliz você será com outra pessoa.

Só pode haver cura e felicidade verdadeiras quando aceitamos o amor do companheiro como ele é e nos responsabilizamos por cuidar de nossas próprias feridas. Paradoxalmente, embora não possamos ser realmente felizes sem o amor de outra pessoa, apenas isso não é suficiente para nos sentirmos realizados. Um relacionamento acende a fagulha do amor-próprio enterrado no fundo do nosso coração, para que possamos reconhecê-lo, alimentá-lo e nutri-lo até se tornar uma fogueira, que consumirá a vergonha, a insegurança, a raiva e a dor: as verdadeiras fontes da nossa infelicidade. Quando duas pessoas criam esse tipo de relação, podem experimentar uma alegria mais profunda do que jamais imaginaram.

22

O casamento é como a yoga

LINDA: A hatha yoga, aspecto físico de um sistema espiritual da Índia, está cada vez mais popular no Ocidente. A técnica consiste em posturas, ou *asanas,* que envolvem alongamento dos músculos, atenção à respiração e práticas de meditação. Como praticante há vários anos, descobri que muitos dos seus princípios podem ser aplicados ao casamento. Assim como a prática da yoga nos leva a desenvolver um corpo forte, atraente e saudável, a prática regular de uma yoga do relacionamento nos leva a um casamento firme e belo.

Desenvolvemos força e flexibilidade estendendo-nos ao mundo do nosso parceiro. Como tendemos a sentir atração por pessoas bastante diferentes de nós, os relacionamentos oferecem oportunidades constantes para praticar a expansão, abrindo-nos a sentimentos, comportamentos, gostos, preferências e valores que podem ser muito diferentes daqueles que são costumeiros e confortáveis.

A conexão íntima requer estender-se ao ponto da aflição: o desafio não é evitar o desconforto, mas mergulhar nele para melhor compreendermos nosso parceiro e nós mesmos. Como na yoga, precisamos manter a flexibilidade para nos tornarmos mais hábeis em tolerar o desconforto, mas devemos nos conhecer bem o suficiente para identificar a hora de parar, para não nos machucarmos. Alongar-se demais pode ser nocivo, mas se relaxarmos cedo nunca ficaremos mais fortes. É encontrando esse delicado ponto de equilíbrio que nos beneficiamos da yoga e do nosso casamento.

Com tempo de prática, desenvolvemos a capacidade de tolerar níveis de desconforto cada vez mais altos, ficando imóveis em posturas difíceis. Essa flexibilidade permite que criemos resistência. No casamento ocorre o mesmo, e, gradualmente, nos acostumamos a posturas que antes achávamos desconfortáveis. Não se trata de aceitar uma situação intolerável, como abuso ou desrespeito, mas de elevar nossos níveis pessoais de força, receptividade, flexibilidade e aceitação. Normalmente nos desconectamos quando sentimos tristeza, raiva ou medo. Quando abraçamos esses sentimentos, podemos continuar conectados ao nosso parceiro, de coração aberto. Podemos até manter novas posturas que nunca nos imaginamos capazes de tolerar e ter a agradável surpresa de descobrir que podemos até mesmo encontrar equilíbrio nelas.

Hatha significa força, e *yoga* união. "Força" resulta da união de *ha,* que é sol, com *tha,* que é lua. Em muitas tradições espirituais, associa-se o sol ao masculino e a lua ao feminino, e a prática de unir o masculino e o feminino em equilíbrio resulta em uma força poderosa. Quando praticamos as posturas da yoga, o masculino e o feminino internos se equilibram, resultando em um corpo flexível e gracioso. Quando praticamos com nosso casamento, o masculino e o feminino internos também se equilibram e, em vez de resistir aos princípios masculinos de atividade, iniciativa, competição, penetração e assertividade, aprendemos a honrar essas energias. Em vez de denegrir os princípios femininos de receptividade, passividade, sensibilidade, entrega e paciência, passamos a respeitá-los e apreciá-los. Se o sol e a lua de cada um podem coexistir em harmonia, as energias de dois indivíduos também podem se harmonizar para gerar uma parceria graciosa e flexível.

Na yoga, a prática regular leva à proficiência e a prática diária em longo prazo nos permite alcançar a excelência. O mesmo ocorre com o relacionamento, a prática constante de lidar com as diferenças com generosidade e boa vontade serve para fortalecer tanto os indivíduos quanto a relação em si.

Um dos objetivos da prática da yoga é tornar-se saudável por meio de estímulos aos sistemas corporais: respiratório, circulatório, muscular, esquelético, digestivo, excretor e reprodutivo. Praticamos para melhorar nossa energia, para continuarmos jovens e cheios de vitalidade, mesmo na idade avançada, e para desfrutarmos uma vida longa e produtiva. Esses mesmos benefícios estão disponíveis àqueles que adotam a yoga do relacionamento como prática, pois estudos recentes mostram que pessoas com bons casamentos são menos propensas a doenças e vivem mais tempo. Por meio de contemplação, devoção e ação, os praticantes de yoga passam tanto por estados de êxtase, como de paz de espírito. Tendo consideração e sendo ativos em sua devoção, o casal também pode experimentar estados de êxtase e uma qualidade profunda de paz interior.

23
O príncipe não vai aparecer

Holly cresceu com um pai que mimava a filha e a esposa. Ela o idolatrava e idealizava, vivia com luxo e conforto, e achava fácil acreditar em contos de fadas que terminavam em "felizes para sempre". Quando se casou, ficou chocada ao descobrir que seu marido tinha defeitos, e sofreu por meses. Tinha certeza de que escolhera o homem errado e fantasiava que, se tivesse se casado com um homem mais parecido com seu pai, continuaria a viver como princesa. Quando não estava ressentida pelas expectativas frustradas em relação ao marido, se culpava por ser uma esposa horrível e ingrata. Ela ficou deprimida e procurou um terapeuta, que tentou ajudá-la a ter expectativas mais realistas para o casamento e a fazer escolhas que lhe dessem maior satisfação. Com ajuda, um lado mais maduro de Holly começou a se desenvolver. Mesmo assim, a romântica infantil não queria abrir mão de seus sonhos.

Um dia, Holly subitamente despertou para a consciência de que seus sonhos e expectativas não tinham substância e eram construídos sobre desejos e medos infantis. Aos prantos, telefonou para o terapeuta e disse: "Fui traída! Por que ninguém me contou a verdade? Todas as histórias de fadas não passam de fantasias, ninguém vai tomar conta de mim. Sinto-me tão boba por ter acreditado em todas aquelas baboseiras, tudo em que acreditei estava errado." Foi um despertar difícil, mas poderoso.

Holly se comprometeu a aprender a cuidar de si mesma emocional, física e financeiramente. Com o passar do tempo, abriu seu próprio negócio e tornou-se uma empresária bem-sucedida. Também conseguiu criar um relacionamento saudável com seu marido, o mesmo homem que ela antes julgara ser uma decepção. Agora ela era capaz de aceitá-lo com suas falhas humanas.

Algumas mulheres só se dão conta de que seu príncipe não vai aparecer quando já estão casadas, outras, em meio a um penoso divórcio. Infelizmente, algumas envelhecem sozinhas, ainda esperando. Os mitos românticos demoram a morrer, pois uma parte de nós deseja desesperadamente acreditar que alguém lá fora irá satisfazer todos os nossos desejos e nos trará alegria, alívio e paz. Hoje em dia, Holly ainda adora histórias de fadas, mas suas favoritas são as que têm bruxas más e gigantes bobos, e ela sempre diz às amigas mais novas para prestarem atenção às partes ruins, que também fazem parte da vida.

24

Procurar ajuda quando não conseguimos resolver nossos problemas não é sinal de fraqueza, mas de inteligência

LINDA: A maioria dos casais demora muito a procurar ajuda por vergonha, o que gera um sofrimento desnecessário que mantemos em segredo. Quando um dos dois sentir necessidade, é hora de buscar socorro para o casamento, e fazer esse acordo antes da situação se deteriorar ajuda a resolver o problema logo no início e a evitar discussões dolorosas e demoradas.

Em certa ocasião, ouvi Malidoma Somé, um curandeiro e ritualista, contar uma história sobre sua terra natal. Ele é da tribo Dagara, de Burkina Faso, na África Ocidental. Nessa comunidade, todos entendem que o bem-estar da tribo depende do sucesso de cada casal, que é apoiado integralmente. Se uma mulher tentar comunicar algo importante ao marido e ele não responder, ela procura suas amigas. Inicialmente, elas a aconselham e, se o marido não responder, falam diretamente com ele. A essa altura, ele normalmente fica motivado a agir, porque se nada der certo após sua conversa com as mulheres, o próximo recurso da esposa é abordar os outros homens da tribo. Geralmente, o marido se retrai ante a perspectiva de ser confrontado pelos outros homens. É claro que isso funciona para os dois: caso sua esposa se feche para algo que é importante para ele, o marido tem acesso ao mesmo sistema de apoio. Primeiro, ele procura os homens; depois, seus amigos podem falar com a esposa dele. Como último recurso, ele procura as mulheres da tribo.

Para muitos de nossa cultura, essa tradição parece uma terrível invasão de privacidade, mas há grande sabedoria nesse alto grau de apoio comunitário. Lembro-me de várias ocasiões em que queria desesperadamente atingir Charlie e acabei frustrada por não conseguir. Tenho certeza de que o impasse seria resolvido se tivéssemos um sistema que permitisse a influência de amigos e familiares. Ainda que os conselhos nem sempre sejam úteis, todos precisamos do amor e do companheirismo dos amigos, mesmo quando está tudo bem. Precisamos do seu apoio principalmente durante as inevitáveis tensões e os desafios da vida. Somé diz que na cultura americana o casal começa no topo da montanha e cai. Em sua tribo, o casal começa na base da montanha e a comunidade inteira os guia até o topo. É o casal sábio que pede ajuda à família, aos amigos e aos profissionais. Todos nós temos pontos cegos e podemos nos beneficiar de contribuições e avaliações objetivas, quando a vida nos derruba, aqueles que nos amam podem ajudar a nos reerguermos de volta.

25

Por mais que uma pessoa ame você, não será capaz de satisfazer todas as suas necessidades emocionais

Outro mito popular sobre o casamento é o de que, se alguém nos ama de forma completa, pura e incondicional, não precisamos do amor ou apoio de mais ninguém. Essa noção errônea é motivo de sofrimento, decepção e desilusão para muitos casais: por mais que o casamento seja maravilhoso, benéfico, desafiador e estimulante, é pura fantasia acreditar que apenas isso possa nos realizar. Também precisamos de amigos, de um bom trabalho, de momentos de solidão saudável, de lazer e de outras experiências para satisfazer as necessidades de nossa alma. As expectativas irreais são um convite à decepção.

Embora só exista uma palavra para expressar "amor" na língua inglesa, há 76 para descrever diferentes facetas desse sentimento em persa e mais de trezentas em páli, a língua do antigo Budismo. Quantos tipos de amor existem? Para os iniciantes, há o amor dos pais, o amor filial, o amor platônico, o amor de um amigo, o amor pela beleza, o amor ardente de um novo romance e o amor profundo que sustenta um casamento duradouro. Uma só pessoa é incapaz de nos amar de todas as maneiras que precisamos. Deste modo, aliviar nosso parceiro e nós mesmos da obrigação de prover toda a gama de necessidades amorosas confere ao relacionamento um sentimento mais verdadeiro, forte e duradouro.

É preciso vários tipos de amor para satisfazer nossas muitas necessidades, essenciais à nossa saúde e bem-estar. Algumas podem ser alcançadas por nós mesmos; outras, apenas com relacionamentos íntimos nos quais os dois estão comprometidos com a felicidade conjugal; outras, ainda, com outros tipos de relacionamento. Se acreditarmos que podemos ou devemos ser tudo que nosso parceiro precisa, ou vice-versa, a relação provavelmente será um desastre. Esse é um fardo impossível, que nenhum indivíduo é capaz de carregar, e a própria expectativa gera decepção e fracasso. Essa expectativa pode ser um disfarce do desejo de possuir e controlar outra pessoa, uma estratégia de manipulação que brota da insegurança. Quando nos sentimos seguros de nosso valor e de que merecemos ser amados, não precisamos limitar as pessoas com quem compartilhamos nossa vida.

Quanto mais seguros nos sentimos, maior nossa capacidade de dar ao parceiro o espaço necessário para incluir outras relações de amor em sua vida. Essa generosidade de espírito e a confiança que vem junto nos torna mais atraentes para nossos parceiros, e os farão nos apreciar ainda mais. Essa atração volta para eles, quando apreciamos seu carinho e nos sentimos seres valiosos e merecedores de seu amor. Assim, completamos um círculo positivo de autoafirmação que substitui o círculo vicioso de desconfiança que poderia ocorrer anteriormente. Embora tais transformações possam parecer improváveis, nosso relacionamento é a prova viva de que são possíveis e de que sem dúvida alguma valem todo o tempo e o esforço que demandam.

26

O amor nem sempre é o suficiente para sustentar um casamento

Os casais costumam ser capazes de resolver suas diferenças de personalidade e de criar espaço para que elas possam coexistir, contudo, há divergências quase intoleráveis. Diferentes preferências sexuais, desejos de ter ou não filhos e divergências de valores sobre questões como honestidade ou monogamia podem trazer fim a um casamento.

Serafina e Mica eram casados e tinham dois filhos, um cursando o maternal e o outro, o primeiro ano do ensino fundamental. Serafina tinha muito amor por Mica, mas, com o passar do tempo, sentia cada vez mais que ele não retribuía seu afeto. Quando expôs sua inquietação, ele negou não se interessar mais por ela, mas não a convenceu. Ela fez de tudo para se tornar mais atraente, porém nada que tentasse parecia surtir efeito.

Finalmente, Mica revelou que teve várias relações homossexuais durante o casamento. Serafina ficou arrasada, e[illegible] nunca suspeitara que o marido fosse gay, sempre pensou que ele não a achava sexy ou que não a amava. Mica lhe disse que escondera a verdade por medo de como ela reagiria e de como isso poderia arruinar a família. Ele sabia que sua vida inteira mudaria no momento em que revelasse esse terrível segredo. Serafina, normalmente uma pessoa muito empática, não conseguiu entender. Ficou enfurecida devido às mentiras e traições que aconteciam havia anos e indignada por Mica tê-la exposto a graves riscos de saúde.

Ambos concordaram que seu casamento não poderia nem deveria ser salvo, e concordaram em se separar. Em seguida, ele revelou a verdade ao resto da família e aos amigos mais próximos. Serafina e Mica conversaram muito tentando reparar os danos do relacionamento de forma que pudessem ser bons pais para os dois filhos. Ela parou de julgar Mica e aceitou sua escolha. Também entendeu que, quando se casaram, ele ainda não havia reconhecido sua verdadeira orientação sexual. Após muito conversarem, ela conseguiu compreender o pavor que ele sentia de contar a verdade em uma sociedade que ainda tem tantos preconceitos.

Mica continuou a ser um pai dedicado e, após um período de recuperação emocional, os dois puderam cultivar uma amizade que os apoia até hoje. Na verdade, como muitos casais que resolvem suas diferenças mais profundas após a dissolução do casamento, se tornaram muito mais amigos do que eram quando estavam juntos.

27
A intimidade verdadeira só existe entre iguais

Melony e Jude mal haviam saído da adolescência quando se casaram. Assim como vários outros casais, nenhum dos dois tinha vivenciado muita intimidade genuína em suas vidas ou famílias antes de se unirem. A mãe de Melony era uma supermãe cheia de responsabilidades: trabalhava em tempo integral, fazia as compras, cozinhava, limpava a casa, gerenciava o dinheiro, ajudava os filhos com o dever de casa e era voluntária na igreja no tempo livre. Melony cresceu acreditando que era assim que uma boa esposa e mãe devia ser. Tentar viver à altura dessas expectativas impossíveis deixava-a exausta, esgotada e ressentida, e ela normalmente se sentia estressada e ansiosa.

Seu marido, Jude, tinha um temperamento totalmente diferente. Relaxava a ponto de às vezes ser irresponsável, tinha parâmetros de ordem e controle bem menos exigentes, e Melony o tratava como se fosse uma das crianças. Às vezes, ela concordava com seus frequentes pedidos e exigências, outras não. Embora Jude dissesse que não se importava com o modo de agir da esposa, ressentia-se e frequentemente deixava seus sentimentos extravasarem. Enquanto isso, Melony sentia cada vez mais raiva por "precisar" fazer tanta coisa sozinha.

Como era de se esperar, em pouco tempo eles não conseguiam mais conter essas emoções: a situação chegou ao limite quando Jude começou a ter um caso com uma das melhores amigas de Melony. Dizer que ela ficou transtornada ao saber da novidade da amiga não é o bastante: em sua opinião uma morte lenta e agonizante para os dois não era punição suficiente pelo que fizeram. Sua primeira reação foi botar Jude para fora de casa, e dali em diante as coisas só pioraram.

Jude não estava acostumado a viver em um hotel barato, nem a morar sozinho e não estava nem um pouco satisfeito com os acontecimentos. Havia subestimado totalmente a capacidade de Melony de viver sem ele. Determinado a reconquistá-la, pediu uma segunda chance. "De jeito nenhum!", insistiu ela. Ele implorou, suplicou, pediu desculpas e prometeu nunca fazer aquilo de novo. Devagar, a resistência de Melony cedeu e, após três meses, ela concordou em ir a um conselheiro matrimonial. Aos poucos, perceberam como tinham conspirado para criar uma série de fatores que se desenvolveram até permitir o caso de Jude. Ficou claro como o papel de menino malcomportado e de mãe controladora havia levado o casamento ao desastre, e eles assumiram a tarefa de reconstruir a estrutura do relacionamento de um modo mais justo, compartilhando as responsabilidades.

Eles conseguiram salvar a relação por pouco. Durante a terapia, Melony viu que, por assumir uma posição de poder e controle, tomando decisões sem a colaboração de Jude, ela o havia impedido de participar e dividir as responsabilidades. Jude acreditava estar levando vantagem por não ter que cuidar das crianças e da casa, mas não tinha ideia do preço que pagava por estar afastado das exigências necessárias para se coordenar uma família e um lar.

Durante o tempo em que viveram separados, Jude fez um curso intensivo de como ser adulto. Pela primeira vez na vida, teve que fazer as compras, cozinhar, limpar, gerenciar o dinheiro e, nos dias de visita, participar ativamente na educação dos filhos. Com o tempo, se tornou mais responsável e sua autoestima aumentou. Melony percebeu que ele estava ficando mais maduro e começou a se relacionar com ele com mais respeito, enquanto seu ressentimento se dissipava. Passou a acreditar que ele realmente a amava profundamente, percebendo isso se manifestar em ações que refletiam a consideração que ele tinha por ela.

A dor lancinante da traição sexual foi sumindo, ela conseguiu perdoá-lo e eles passaram a tomar decisões juntos pela primeira vez. Descobriram um nível de intimidade totalmente desconhecido e voltaram a morar juntos com um novo voto: o de serem iguais em tudo.

Quando um casal ainda tem disputas de poder, há momentos intermitentes de intimidade ilusória e inconsistente. O desejo de estar a salvo, exercer controle e dominar corrói a intimidade. Enquanto o círculo de dominação e submissão persistir, a proximidade verdadeira será impossível. Quando reconhecemos até as formas mais sutis de nos agarrarmos ao poder, podemos trabalhar essa tendência de proteção e aprofundar a intimidade.

As barreiras se desfazem quando há sentimentos de confiança, segurança e respeito, pois essa atitude cria a base para a igualdade. Quando reconhecemos os gatilhos que estimulam os velhos padrões de autoproteção, podemos tratar deles desarmando-os sistematicamente dentro de nós, por meio de diálogos com nosso parceiro.

Como um técnico habilidoso que pisa cuidadosamente em um campo minado para desativar as bombas, é necessário coragem para fazer esse trabalho tedioso e perigoso. Nossa recompensa é o prazer de brincar e dançar juntos em deleite, como iguais.

28

O verdadeiro problema, em geral, não é aquele pelo qual se discute

Jim e Vivian concordavam em quase tudo, mas havia uma área em que suas diferenças eram irreconciliáveis: Jim fumava maconha, o que Vivian desaprovava veementemente. Ele não só fumava, mas, sem que Vivian soubesse, também plantava. Um dia ela achou uma enorme planta de maconha em meio aos seus preciosos girassóis e ficou fora de si. "Você está maluco? O que está pensando? Nós podemos ser presos! Isso pode arruinar minha carreira! Como você pôde fazer isso?"

Embora Jim achasse que Vivian estava exagerando, sentiu que não era uma boa ideia provocá-la mais e concordou em se livrar dos pés de maconha, mas não conseguiu destruir todos e transplantou alguns para um canto do enorme jardim, onde achava que escapariam ao escrutínio da esposa. Ele estava errado. O alvoroço que Vivian fez quando descobriu as plantas podia ser ouvido em todo o bairro, e ele chegou a pensar em se mudar para um hotel por uns tempos, mas reconsiderou e decidiu encarar a raiva da esposa.

Ela gritou enfurecida e ele ouviu sem discutir, se justificar ou se defender. Deixou que ela expressasse toda sua raiva e mágoa até não haver mais nada a dizer. Então, algo estranho aconteceu: Vivian começou a chorar. Por baixo de toda sua raiva havia o medo de que essa diferença pudesse ser grande a ponto de destruir seu casamento e ela chorava com medo de eles não conseguirem ficar juntos. Ao perceber o tamanho da dor de Vivian, Jim começou a chorar também. Ele entendeu que ela não o odiava, só achava que ele não se importava o suficiente com ela a ponto de parar de cultivar a droga. "Isso é ridículo! Eu não trocaria nosso casamento por toda a maconha do mundo!" Quando a escutou de verdade, Jim entendeu, pela primeira vez, qual era a questão. Naquele momento, o casamento deles se transformou.

Nesse caso, como em vários outros, as drogas eram o sintoma, não a fonte do problema. Jim não só parou de plantar maconha no jardim, como também parou de fumar. Não porque Vivian tivesse insistido, mas porque ele percebeu que, com a mente saturada de maconha, tinha dificuldade de entender e de se relacionar com sua amada parceira. A questão verdadeira não era a droga, era se importar o suficiente para ouvir a necessidade do outro e responder com o coração.

29

O amor não é apenas um sentimento, é uma atitude que demonstra o quanto nos importamos com o outro

CHARLIE: Como conselheiro matrimonial e palestrante, ouço muitos detalhes íntimos das vidas de clientes e alunos, e sei que as pessoas dizem com frequência que não se sentem amadas por seus parceiros. Essa declaração geralmente suscita uma reação forte, em que o acusado tenta convencer o outro de que o ama, expressando descrença e até mesmo indignação por seu sentimento ser questionado. Ele pode insistir que seu amor é verdadeiro e forte, e até inferir que tenha algo errado com o parceiro por estar expressando tal queixa. Embora normalmente seja verdade que o acusado sinta um grande amor pelo parceiro, também pode ser verdade que esse amor não tenha sido expressado ou recebido de forma a ser apreciado e valorizado.

Uma das discussões recorrentes em meu próprio casamento era em torno dessa queixa. Quando Linda me dizia que se sentia só, distante ou mal-amada, eu imediatamente tentava convencê-la de que estava errada em se sentir assim, enumerava uma série de evidências para "provar" que sua queixa não era válida. Obviamente, essa estratégia não ajudava Linda se sentir amada ou ouvida. O que ela realmente queria não era a comprovação do meu amor, mas atitudes amorosas – nesse caso, que eu a escutasse com receptividade e respeito, sem reagir negativamente nem tentar provar que ela estava errada.

Se nosso amor não transparece em nossas ações, não é amor de verdade. Isso não significa que não amamos o parceiro, mas que nossa vontade e capacidade de demonstrar o sentimento podem estar obscurecidas por um conflito de interesses internos (como querer se proteger, estar com a razão, evitar briga etc.). Se você realmente desejar ser um amante de primeira, precisa aprender a demonstrar seus sentimentos frequentemente, de várias formas. Nos melhores relacionamentos, os parceiros se conhecem tão intimamente que sabem do que o outro precisa para se sentir completo. Além disso, cultivam uma generosidade que transborda para todos os aspectos de suas vidas. A expressão sincera do amor oferecido livremente, ressoando e reverberando de um para o outro, é a beleza de um vínculo profundo.

30

As expectativas geram ressentimento

LINDA: Se você não é capaz de agir sem esperar algo em troca, é melhor não fazer nada. O casamento não é uma transação de negócios; registrar a pontuação ou a contabilidade pode ser bom para os esportes e as finanças, mas é insensato em um relacionamento. Em vez de se ocupar com a manutenção de um balanço equilibrado, cultive a confiança e o espírito de boa vontade. O que é dado de coração aberto é sempre recompensado.

Como psicoterapeuta, sei que o Dia dos Namorados, aniversários de casamento, aniversários, Dia das Mães, Dia dos Pais, férias, Natal e Ano-novo são momentos de alto risco de decepção para os casamentos. As pessoas que não ganham o que esperavam, sejam flores, balas, cartões românticos ou sexo, costumam ficar magoadas ou com raiva. Uma mulher que conheço ficou tão furiosa com a "negligência" do marido que lhe jogou o cartão na cara. Ele, por sua vez, retaliou rasgando-o: feliz Dia dos Namorados.

Nas festas de fim de ano, nossas reações são previsíveis. Uma das minhas clientes deu as boas-vindas ao Ano-novo chorando dentro do carro, sozinha. Ela se sentiu desprezada e ignorada quando seu marido não lhe deu a atenção que esperava em uma festa e, em vez de expressar seus sentimentos para ele, ficou tão triste que saiu da festa sozinha.

Todos temos expectativas, é natural. Mas se não tivermos flexibilidade em relação ao que achamos que devemos receber, estaremos predispostos a muitas decepções. Em vez de construirmos uma imagem idealizada de um evento futuro, devemos perguntar: "Que experiência quero ter?" Esta pergunta cria espaço em torno da relação, de forma que não fique tão restrita e rígida. Em seguida, com ajuda do parceiro, podemos criar o que desejarmos ter e sentir naquela ocasião especial.

A capacidade de criar ocasiões especiais realmente gratificantes para nosso parceiro e com ele é uma habilidade que podemos aperfeiçoar com o tempo. O processo em si pode ser decepcionante, porque nem sempre tudo ocorre conforme planejado, independente do quanto nos esforçamos. A questão não é evitar as decepções, mas aprender a aceitar o inevitável e a lidar com isso sem culpa, ressentimento ou retaliação. Certa vez, em um workshop, o famoso terapeuta de família James Framo disse: "Abra mão de todas as expectativas, exceto aquelas pelas quais você daria a própria vida." Embora isso possa soar um pouco dramático, é um ótimo conselho.

31
Discussões destrutivas podem ser evitadas

Amar alguém não significa nunca discordar, nem que resolver os conflitos com essa pessoa seja fácil. As diferenças não são apenas inevitáveis, são grande parte do que nos torna atraentes um ao outro, e não somem quando amamos. Na verdade, costumam ficar mais pronunciadas. Quanto mais seguros nos sentimos na relação, mais livremente expressamos desejos e emoções difíceis e falamos duras verdades. Em geral, os casamentos com níveis profundos de intimidade são aqueles em que pontos de vista, sentimentos e opiniões divergentes são expressos abertamente e acolhidos. Esses casais lidam com suas diferenças de um modo que promove mais veracidade, confiança e respeito. Evitar a expressão honesta de diferenças em uma relação em geral ocasiona mais danos do que expressar claramente um ressentimento ou uma decepção.

Não precisamos brigar ou insistir para que tudo seja como queremos, mas precisamos saber que podemos nos posicionar, expressar nossa verdade, ouvir com aceitação e agir de maneira apropriada e responsável quando for necessário. Falhar em se proteger de um ataque é tão irresponsável quanto negligenciar uma criança. Tomar uma atitude frente ao perigo requer coragem e discernimento, para isso precisamos restringir as punições desnecessárias e limitar nossas respostas àquelas que são amáveis e construtivas, em vez das ofensivas e destrutivas.

A despeito de quão profundamente possamos amar alguém, palavras fortes e dolorosas vão escapar, especialmente quando estivermos cansados, estressados ou nervosos. Os casais mais bem-sucedidos não negam suas diferenças, tornaram-se mestres na arte do "combate consciente". São hábeis guerreiros do coração. Agir com habilidade nos ajuda a passar por situações difíceis mais rapidamente, e a usar cada emoção como um meio para aprofundar a confiança e a compreensão.

32

Um dos maiores presentes que podemos dar ao nosso parceiro é nossa atenção

Parecia que os horários de Belle e Dutch quase nunca combinavam. Ela ia dormir após o jantar, ele ficava acordado e lia. Ele pulava da cama às seis da manhã para fazer ginástica, ela dormia até as sete. Para ele, diversão era sentar na frente do computador ou trabalhar na garagem, enquanto ela gostava de ficar aconchegada no sofá. Dutch gostava de estar sempre fazendo alguma coisa, enquanto Belle preferia simplesmente estar com ele, sem fazer nada.

Belle apreciava e elogiava as melhorias que ele fazia na casa, mas estava se sentindo cada vez mais frustrada por não passarem muito tempo juntos. Às vezes era assertiva e dizia: "Venha ficar comigo." Geralmente, Dutch respondia de maneira defensiva: "Do que você está falando? Eu estou aqui." Mas ao responder, Dutch estava deitado na cama, olhando para o teto, sem tocá-la. Mal a escutava, mergulhado em si mesmo, perdido em seus próprios pensamentos. Eles estavam no mesmo lugar, mas, emocionalmente, estavam distantes. Um dos aspectos que atrapalhava era o fato de Dutch ouvir os pedidos de Belle como reclamações e sentir que ela chamava sua atenção e julgava-o, mesmo que não fosse essa a intenção. Ele respondia se afastando ainda mais e eles viviam um círculo vicioso.

Certo dia, Belle começou a chorar, não de frustração ou raiva, mas de tristeza. Ela temia que os dois nunca conseguissem se relacionar da forma como ela gostaria. Enquanto a esposa chorava, Dutch pensava: "Lá vamos nós de novo." Mas dessa vez foi diferente. O discurso de frustrações que Dutch esperava ouvir não veio. Ela disse: "Estou com muito medo de não conseguirmos ficar juntos da forma que eu quero, de não sobrevivermos a esse impasse. Eu amo muito você, mas dói demais senti-lo distante na maior parte do tempo." Isso conseguiu a atenção do marido, e pela primeira vez ele foi capaz de entender o que Belle sentia e queria sem se manter na defensiva.

A profundidade dos sentimentos dela o deixou atordoado e ele não conseguia pensar em nada para dizer. Só restavam os dois ali, pois o medo e a dor que compartilhavam foram finalmente expressos e ouvidos e agora poderiam se dissipar. No silêncio, Dutch pegou a mão da esposa carinhosamente e a segurou. Seus olhos se encontraram e ela disse: "Obrigada, eu precisava disso. Talvez ainda haja esperança para nós." O gesto silencioso de estender a mão ajudou Dutch a entender o que todas as palavras de Belle não haviam transmitido e ele começou a perceber o que ela queria. Ela sentiu que não estava mais sozinha e que finalmente fora ouvida e se deu conta de que dois detalhes importantes haviam incitado Dutch a responder-lhe desta vez: não estava irritada quando falou com ele nem minimizou a intensidade de seu desejo de maior proximidade. Mostrou-se vulnerável, expondo seu medo e sua dor. Esse momento foi um marco na relação.

Os momentos de companheirismo, de coração aberto, entre eles passaram a ser mais frequentes, e a confiança mútua continuou a aumentar. Ao se familiarizar cada vez mais com a experiência de abertura, Dutch passou a se sentir confortável com sua própria vulnerabilidade e permitiu que suas barreiras e defesas se desfizessem com uma tranquilidade que nunca vivera. Ele conseguiu se soltar das garras da defesa e ouvir sua parceira com mais profundidade. Seu foco mudou da proteção para a conexão.

Ao mesmo tempo, Belle aprendeu a identificar, se conscientizar e se responsabilizar por suas necessidades, e a atendê-las. Ela percebeu que precisava se conhecer melhor e que, ao fazer isso, conseguiria ter mais intimidade em seu casamento. Aprendeu também a lidar melhor com os sentimentos de irritação e medo, que surgiam quando queria maior proximidade com Dutch. Em vez de abordá-lo com raiva e frustração, aprendeu a abrir seu coração antes de conversar, o que aumentava as chances de um bom resultado.

Se falar sobre o assunto hoje em dia, Dutch irá piscar o olho e dizer: "Se você tem uma esposa feliz, você tem uma vida feliz."

33

Mesmo as pessoas com os melhores casamentos às vezes se perguntam se não se casaram com a pessoa errada

CHARLIE: Uma breve dúvida não necessariamente reflete um problema na relação, pois em momentos de raiva ou decepção, podemos ter pensamentos perturbadores. Ideias como "Não era isso que eu tinha em mente", "Eu me enganei" ou "Me casei cedo demais" baseiam-se na noção errônea de que em algum lugar existe alguém com quem nunca vamos discutir, brigar ou nos sentir decepcionados, uma alma gêmea que nos pouparia de todas as dores, sofrimentos e estresse. Infelizmente, são apenas sonhos, que raramente se materializam na vida real. Mesmo assim, a perda da esperança de perfeita harmonia dói, e o medo de ter feito a escolha errada nos deixa abalados. É comum as pessoas esconderem esses pensamentos dos outros e até de si mesmos, mas a negação tende a intensificar a dúvida em vez de diminuí-la.

Até começar a participar de um grupo de terapia para homens, raramente ouvira um dos meus amigos casados declarar que tinha dúvidas sobre o casamento. Embora muitos resmungassem e rosnassem, poucos admitiam ter pensado que talvez tivessem errado em se casar com suas esposas. Eu também nunca havia admitido isso. Como os outros, eu achava que, como ninguém tocava no assunto, eu devia ser o único a me sentir assim. A única ocasião em que se ouvia alguém falar sobre esse tipo de sentimento era após o término do casamento, quando virava o único assunto.

Quando os membros do meu grupo de terapia, vários dos quais tinham casamentos sólidos havia anos, declararam que periodicamente tinham dúvidas sobre suas parceiras, me dei conta de que esses pensamentos não refletiam casamentos ruins, mas a realidade de quem está envolvido com o relacionamento, que é complexo e dinâmico. Querendo coletar mais informações para satisfazer minha curiosidade, fiz essa pergunta a outras pessoas do meu círculo de amizade, principalmente àqueles que desfrutavam o que me pareciam ser os melhores relacionamentos. As respostas foram quase unânimes: a maioria já se questionara sobre sua escolha de parceira, e grande parte se sentia culpada, achando que fossem os únicos ou que isso era um tipo de deslealdade ao casamento. A aceitação honesta desse tipo de questionamento fortalece o relacionamento.

Nesses momentos, o desafio é entender se as dúvidas refletem uma falha na relação ou se são apenas indícios de um problema passageiro que precisa de atenção. Quando faço essas perguntas a mim mesmo, descubro sentimentos ainda não reconhecidos ou expressados, que preciso analisar para tomar alguma atitude, seja comunicar algo que eu vinha guardando ou simplesmente abrir mão do que não posso mudar. Em geral faço isso e a dúvida parece se dissolver, ou ao menos se dissipar para o fundo dos meus pensamentos. Fundo o suficiente para permitir a reabertura do meu coração em gratidão e apreciação pela mulher com quem me casei.

34
Seu parceiro não pode salvá-lo da infelicidade, mas pode ajudá-lo a sair dela

LINDA: Quando me lembro da minha infância, vejo uma filha única, uma garotinha solitária, muito séria e sonhadora que gosta de brincar de casinha com as outras crianças do bairro, para imaginar que é adulta, que é mãe e que tem um marido. Em seu futuro imaginário, ela nunca está só ou assustada. É desconcertante admitir o quanto as brincadeiras infantis e os contos de fada me influenciaram: eu realmente esperava que o Príncipe Encantado encontrasse a Cinderela (eu) e me desse uma vida maravilhosa. Inevitavelmente, levei essa expectativa infantil e irreal para o meu casamento.

As primeiras três semanas foram uma maravilha, aí veio o choque (em alguns casos a lua de mel dura mais do que em outros). O casamento rapidamente cura a doença da ingenuidade e, no meu caso, ficou muito claro que uma vida repleta de felicidade demandaria esforços extremos de minha parte, não só de Charlie.

A tendência da maioria é responsabilizar o parceiro pela própria felicidade. Na realidade, é isso que motiva muitas pessoas a se casarem. Se não forem conscientizadas, essas expectativas podem transformar um belo romance em um caldeirão de ressentimentos, cujo fogo é alimentado pela decepção das expectativas não correspondidas. Todos entram no casamento com anseios, feridas abertas, necessidades não satisfeitas e outras questões não trabalhadas que, secretamente, esperam resolver por intermédio do parceiro.

É sem dúvida uma bênção receber apoio e encorajamento nesse processo de crescimento. Embora o parceiro não seja capaz de curar nosso sofrimento ou realizar nossos desejos mais profundos, pode ajudar em muitos aspectos: pode ser uma força vital em nosso desenvolvimento; sua escuta amorosa, cuidados e preocupações podem nos ajudar a encontrar força e coragem; com seu estímulo paciente, podemos experimentar novas possibilidades; quando escorregamos e tropeçamos, sua confiança inabalável em nosso sucesso nos anima e inspira; em geral, pode ver forças e talentos que não acreditamos ter e ajudar a detectar os obstáculos que impomos a nós mesmos e que nos mantêm paralisados.

Quando criamos uma relação de amor, aprendemos a confiar nas ponderações cuidadosas do parceiro e a aceitá-las com gratidão. Mesmo as lições mais difíceis podem ser um recurso valioso para nos ajudar a dar mais integridade e felicidade a nossas vidas. Embora o amor possa ser um bálsamo para nossas lutas, ninguém além de nós mesmos pode nos salvar. É claro que é possível se curar da dor de feridas antigas, contudo isso só se inicia com um movimento interior.

35

O custo de uma mentira é muito maior do que qualquer vantagem em dizê-la

CHARLIE: Para dizer a verdade, nem sempre sou totalmente honesto. Tentando me vangloriar ou impressionar os outros, já contei muitas histórias exageradas sobre meus feitos. Esse hábito não parou instantaneamente, nem mesmo quando decidi ser uma pessoa mais sincera. Embora raramente planejemos mentir, às vezes os padrões antigos nos subjugam. Há pouco tempo disse a Linda que não poderia levar um dos nossos gatos ao veterinário porque estaria ocupado à tarde. Depois, naquela noite, comecei a sentir um desconforto que me fez lembrar de nossa conversa. Embora estivesse realmente ocupado no dia, eu poderia facilmente mudar meus horários para levar Shadow ao veterinário. Em vez de contar a verdade e admitir que eu simplesmente não queria fazê-lo, ou me incomodar um pouco e mudar meus planos para atender ao pedido de Linda, criei uma desculpa. Um pouco mais tarde, decidi resolver tudo: confessei à Linda, que me agradeceu por ter sido honesto e disse que sentira que algo estava errado, porque eu estava meio irritado durante o jantar.

As mentiras, não importa o tamanho, sempre têm um custo para a confiança, a boa vontade e o respeito nas relações. Embora a maioria de nós provavelmente tenha que lidar com nossas próprias questões de falsidade, conforme praticamos uma comunicação mais honesta, nos tornamos mais conscientes e menos tolerantes em relação à nossa própria desonestidade. E melhor ainda: quando agimos de forma verdadeira, inspiramos os outros a fazerem o mesmo.

Não importa se você chamar de justificativa, racionalização, mentirinha, lorota, meia-verdade ou um exagero: mentira é mentira. O que torna algo uma mentira é a intenção, pois ela surge sempre que nos esforçamos para enganar alguém e obter alguma vantagem com isso. Exemplos de vantagens que tentei conseguir mentindo para Linda: evitar um conflito; impressioná-la em meu favor; ter razão; querer provar que eu era bom, honrado, superior, inteligente, competente, bem-sucedido ou a combinação de alguns destes. A intenção por trás da maioria das minhas mentiras era uma tentativa de influenciar a maneira como Linda me via, para manter algum tipo de controle em nossa relação. Era uma tentativa de dar forma à relação de acordo com minhas vontades e, para justificar essa intenção indigna, tive que criar uma série de racionalizações (basicamente, desculpas para a desonestidade).

As consequências da desonestidade são sempre as mesmas: culpa, ansiedade e uma crescente desconfiança de si e dos outros. Mentimos para evitar as consequências desagradáveis de dizer a verdade, porque não queremos ficar numa situação ruim, nos sentir mal ou chatear os outros. Cada vez que usamos esse tipo de evasão, aumentamos nossa sensação de estarmos mal preparados para lidar com a verdade, reforçando a sensação de fraqueza interior, o que leva a ainda mais decepção. Mentir enfraquece a base de uma relação, mais do que qualquer outra atitude. Encontrar a coragem e se comprometer em confrontar a tendência de mentir pode acrescentar força, amor e integridade ao casamento. Embora não seja fácil acabar com o hábito, é possível até mesmo para aqueles que o praticam há anos. A motivação para tanto resulta da percepção do que podemos ganhar com isso. Entrar no caminho da integridade muda nossas vidas para melhor.

36
Mesmo os melhores casamentos têm diferenças irreconciliáveis

Flossy e Gabe eram o tipo de casal que nos leva a perguntar como se encontraram e conseguiram ficar juntos. Flossy não para, está sempre envolvida com mil projetos ao mesmo tempo. Raramente dorme ou precisa dormir mais que três horas por noite e quando acorda, pula da cama e já começa a se mexer. Além disso, é uma republicana conservadora que deseja um dia ganhar uma eleição local. Ela acredita em uma educação firme e bem estruturada, preconizando que liberdade demais deixa as crianças inseguras e sem cuidados. Ela pode falar horas a fio sobre psicologia, espiritualidade e relacionamentos. Em relação a dinheiro, Flossy é econômica; seu lema é: "Não desperdice, não deseje." Acha esportes e negócios um tédio, sua atenção para esses assuntos dura poucos segundos.

Enquanto Flossy é extremamente ativa, Gabe gosta mesmo é de ficar em casa assistindo à televisão depois do jantar. Ele adora dormir e fica imprestável sem suas nove horas de sono. Politicamente, é um democrata liberal. Como pai é tranquilo e flexível. Acredita que a liberdade ajuda as crianças a desenvolver responsabilidades e que uma educação demasiadamente estruturada promove dependência. Psicologia e crescimento pessoal não constam entre seus temas de interesse. Ele é mão aberta, acredita que o dinheiro vem e vai, e quando vem deve ser aproveitado. Ele vive para os esportes, como espectador e participante. Sua paixão é o tênis, que ele adora e joga pelo menos duas vezes por semana.

É de se imaginar que duas pessoas com interesses e personalidades tão conflitantes teriam muitas dificuldades para conciliar suas diferenças. Contudo, os amigos de Flossy e Gabe diriam que o casal tem uma das relações mais amorosas que já viram. O segredo? Ambos veem a base de sua conexão como algo que vai muito além de estilos, preferências ou interesses pessoais. Sua relação é baseada no amor e no respeito mútuo, e no compromisso de estender esse respeito e amor às outras relações em suas vidas. Esporadicamente, têm discussões, mas seus conflitos raramente estragam ou diminuem a qualidade do amor que nutrem um pelo outro, porque valorizam o que têm em comum muito mais do que seus pontos de vista individuais. Apesar das diferenças, compartilham valores importantes, compromissos e atividades que alegram e satisfazem suas vidas, como sua filha e seu amor por dança, sexo, arte e música. Eles têm o compromisso de apoiar o que quer que seja para promover o bem-estar e a felicidade do outro, não só por se amarem e desejarem o melhor para o outro, mas por saberem que a felicidade do parceiro flui para a sua vida também.

No início do casamento, muita gente tenta mudar o parceiro para ficar mais parecido consigo. Demora um tempo para se perceber que dar espaço para as diferenças coexistirem de maneira pacífica é uma forma muito melhor de utilizar a preciosa energia vital. Quando ficamos mais experientes, com menos ilusões, passamos a usar nossa energia mais estrategicamente. Não perdemos tanto tempo tentando "consertar" o outro. Permitir que as diferenças existam não é resignação, é uma atitude que cultivamos com a prática e o tempo. Parceiros realizados não fundem suas personalidades com o passar dos anos; em vez disso se tornam cada vez mais diferentes. Nem tudo pode ou precisa ser resolvido, podemos aprender a viver com nossas diferenças. Inclusive, um dos segredos para um casamento bem-sucedido é aceitá-las e respeitá-las, permitindo que elas nos enriqueçam, em vez de tentar eliminá-las. Embora seja mais fácil dizer do que fazer, cultivar as qualidades de aceitação, tolerância e compreensão fará bem a você e aos seus relacionamentos por toda a vida.

37

Sua opinião não é a verdade

Georgia e Kelly eram bombeiros. Ambos cuidavam de sua saúde e forma física, iam à academia diariamente, faziam musculação, corriam e se alongavam. Tinham o físico quase perfeito. Na primeira consulta do casal, Georgia disse: "Não me sinto segura em nossa relação: estou sempre tensa, com medo de que ele me critique." Ela mal acabou de falar e Kelly começou: "Não posso confiar nela, ela mente. Sei quando há algo errado e fico doido quando ela não fala." Eles competiam para me provar que o outro estava errado.

Esse comportamento refletia o círculo de culpa que viviam em sua relação. Sugeri que não era apenas o corpo que precisava de exercício regular e frequente, mas as emoções também. Após algumas explicações, concordaram que a ideia fazia sentido, embora fosse difícil para eles entender como exercitar os sentimentos. Como vários jovens casais, eles achavam que uma boa relação simplesmente acontece quando duas pessoas se amam. Após desafiar esse conceito, lhes dei algumas diretrizes para o processo de manter a forma emocional: diga a verdade sobre suas experiências. Em outras palavras, expresse seus sentimentos, não suas opiniões e julgamentos. Tenha coragem de se sentir vulnerável e peça o que quer. Não guarde seus sentimentos para você: fale mais, mesmo quando estiver com medo.

Kelly não tinha muita dificuldade para falar, seu desafio era aprender a se conter e a ser um melhor ouvinte. Para isso, precisava ser mais paciente, fazer mais perguntas e se conter quando sentisse o impulso de julgar ou dar conselhos sem que Georgia pedisse. Ambos estavam tão acostumados a vociferar suas opiniões e acusações que mal tinham consciência de que o faziam.

– Você está sempre nos atrasando!

– Você nunca me diz a que horas temos que chegar!

– Você não me ouve!

– Você sempre me interrompe!

– Você me dá tanta raiva!

– Você não se importa comigo!

– Você é igual à sua mãe!

Era quase um ciclo sem fim, cujo resultado era uma profunda erosão do amor e do afeto que eram a base de sua relação.

Por sorte, Kelly e Georgia eram bons alunos. Para eles o sucesso do casamento era mais importante do que ter razão sobre quem era culpado pelos problemas. Eles se lançaram ao desafio com o mesmo tipo de dedicação que tinham com os exercícios físicos e em poucos meses sua relação se transformou. Georgia e Kelly mantiveram o compromisso de suprimir todos os julgamentos, conselhos e opiniões indesejáveis. Trocaram as observações críticas por sentimentos, perguntas e interesse genuíno. Essa disciplina simples, mas nada fácil, fez com que confiassem um no outro como nunca haviam feito antes.

Muitas pessoas julgam dizer a verdade quando, na realidade, estão apenas expressando seus pensamentos, opiniões, críticas e julgamentos. Diferente de nossas opiniões, a verdade é irrefutável. Ela é um convite ao diálogo, e não requer explicações ou justificativas. Ela raramente provoca respostas agressivas, pois simplesmente é. À medida que aprendemos a distinguir o que é verdade do que é opinião e passamos a falar adequadamente, isto é, de forma respeitosa e sem julgar, nossas relações com os outros e nossa autoconsciência ficam mais ricas e autênticas.

38

Férias são uma necessidade, não um luxo

Charlie: Quando eu era criança, minha família nunca saía de férias. Consequentemente, cresci achando que fugir da rotina não era importante e que só funcionava para as outras pessoas. Com o passar dos anos e com a ajuda de Linda, descobri que estava errado. Como adulto aprendi que férias não precisam ser em algum lugar distante e exótico, nem precisam ser caras. Podem acontecer em qualquer lugar e é a época em que ficamos temporariamente aliviados das responsabilidades do dia a dia. Se houver vontade, há como fazer uma pausa sem precisar pedir financiamento no banco. Melhor ainda, quando fugimos das obrigações de nossas vidas atarefadas, podemos reviver a paixão e o romance iniciais da relação, pois uma mudança de cenário pode revigorar o relacionamento. Ficamos mais propensos a enxergar a beleza do nosso parceiro e temos mais tempo para sentir e expressar nossa apreciação. Estar longe da rotina também nos oferece novas perspectivas, que podem abrir os olhos a novas possibilidades para o futuro.

Como é difícil sentir falta do que nunca tivemos, nunca reivindiquei férias nos primeiros anos de casamento. Na realidade, sempre resisti aos esforços de Linda para tirarmos um tempo para nós. Eu dizia "Não temos dinheiro para isso", "Prefiro gastar esse dinheiro com outras coisas" ou, mais tarde, com as crianças discutindo e brigando, dizia "Seriam férias infernais". Sou grato a Linda por ter persistido em seus esforços, pois acabei percebendo a importância do tempo livre e atualmente sou eu quem tende a tomar a iniciativa de tirar férias, curtas ou longas.

LINDA: Após um ano de maternidade eu já estava sem forças. Nosso primeiro filho, Jesse, era uma criança muito ativa, inquieta e barulhenta, e dormi pouco no seu primeiro ano de vida. Cheguei a ponto de sentir que minha identidade estava sendo sugada com o leite do meu peito. Eu sabia que precisava de uma mudança de cenário, mas tínhamos pouco dinheiro porque eu não trabalhava e Charlie ainda estava na faculdade. Falei com minha amiga, Carole, que morava perto da praia na costa norte de Boston. Ela disse que ia passar uma semana nas montanhas e que éramos bem-vindos para ficar em sua casa enquanto estava fora.

Foi maravilhoso! Jesse adorou o mar, e estar longe de casa nos deu novo alento para a vida. Eu ainda tinha que fazer compras, mas em um supermercado diferente. Eu ainda preparava as refeições, mas em uma cozinha diferente. Charlie e eu compartilhamos ótimos momentos lá. A vida parecia mais doce porque eu não me sentia vazia, e voltei a ter prazer em amamentar. Naquele verão, aprendi uma grande lição sobre como cuidar de mim mesma e de nossa família. Aprendi também a importância de dar umas escapulidas regularmente. As férias não precisam ser caras e não precisamos ir muito longe de casa, mas precisamos passear. Interrompendo nosso padrão habitual, ganhamos novas perspectivas e podemos descansar e recarregar as energias. Não importa se você acha que tem pouco tempo ou dinheiro, tirar férias é uma necessidade!

39

A confiança leva anos para ser construída e segundos para ser destruída

CHARLIE: As relações não começam com confiança, ela precisa ser construída, dia a dia, quando as pessoas se mostram dignas por meio de palavras e atitudes. A confiança é desenvolvida a cada conversa, com a resolução dos conflitos e com demonstrações de bondade, generosidade e consideração. Em um momento inconsciente de raiva ou medo, podemos causar sérios danos à confiança que nos deu tanto trabalho para construir. Os choques são inevitáveis, mas podemos reparar os danos, contanto que ambos tenham essa intenção. Quanto maior for nossa consciência da preciosidade da confiança, maior será nossa dedicação para protegê-la e preservá-la.

Embora as leis digam que somos "inocentes até que se prove o contrário", quando se trata de relacionamentos, a maioria de nós não pensa assim no começo de um relacionamento. Não que sejamos paranoicos, mas muitos não chegam à idade adulta sem terem sido trapaceados por pessoas que julgavam dignas de confiança. A traição emocional nos torna menos ingênuos e mais cautelosos e, ainda que desejemos acreditar nas pessoas, em geral temos provas suficientes do contrário.

No início do nosso relacionamento, eu acreditava que Linda fosse uma boa pessoa, que ela nunca faria algo para me ferir propositadamente, que era honesta e decente, e que sempre honraria sua palavra e manteria seus compromissos. Porém, em um nível mais profundo, havia aspectos dela nos quais eu não confiava nem um pouco. Eu não apenas escondia esses sentimentos dela, mas também não tinha muita consciência deles. Eu não acreditava que ela ficaria comigo se eu fracassasse em ser um bom provedor, que ela não diria coisas que me magoariam, que ela nunca se aproveitaria da minha vulnerabilidade se eu baixasse a guarda e falasse dos meus medos e anseios mais profundos, e temia que ela falasse mal de mim para nossos filhos pelas minhas costas, fazendo-os se rebelarem contra mim.

Esses medos tinham pouco a ver com Linda e muito a ver com padrões que eu trazia desde a infância. Entrei na relação com minha bagagem emocional, como ocorre com a maioria das pessoas, e demorei para perceber que Linda era muito mais digna de confiança do que muitas outras em minha vida. Logo, com frequência eu testava seus sentimentos, sem confiar que eram incondicionais. Felizmente, Linda foi firme e constante até eu perceber que não era só nela que eu não acreditava, mas em mim também. Eu não me julgava capaz de satisfazer minhas necessidades e dúvidas internas, porque durante toda a vida tinha passado essa responsabilidade para os outros. Reconhecer isso afetou meu nível de confiança na relação, muito mais do que todos os esforços de Linda.

Conforme assumi a responsabilidade de gerar meu próprio bem-estar, em vez de esperar que Linda cuidasse disso, o nível de confiança em nossa relação aumentou. Provando a mim mesmo que podia cuidar de mim, me respeitar e contar comigo, passei a confiar muito mais em meu potencial. Eu me prometia e cumpria coisas que no passado havia deixado de lado várias vezes. Esforcei-me para falar de forma mais compassiva e bondosa, para julgar menos, e para cuidar mais do meu corpo. Dei a mim mesmo a bondade, o respeito e o valor que antes esperava receber de Linda e dos outros. Isso fez com que minha esposa se sentisse menos obrigada a cuidar de mim, e sem essa pressão ela ficou mais amorosa e autêntica quando estava comigo. Foi bom para ambos, pois a qualidade e a quantidade do que ela me oferecia aumentaram. Ao mesmo tempo, passei a agir de forma recíproca, e o nível de confiança entre nós aumentou, criando uma base sólida para nosso relacionamento.

Às vezes podemos até duvidar e desconfiar, mas sempre brevemente, apenas como uma falha na tela, que logo desaparece. Hoje em dia, um dos meus maiores prazeres, e também de Linda, é o conforto de saber que a confiança mútua agora caracteriza nosso casamento, que não pode ficar melhor que isso.

40

Os ultimatos e as ameaças criam mais danos que benefícios

Os ultimatos e as ameaças são formas agressivas de manipulação, que brotam do medo e geram reações defensivas. Em essência, são tentativas de controle, pois a pessoa que os recebe é pressionada a negociar. As táticas de artilharia pesada só resultam em comportamentos baseados no medo. Mesmo quando o intimidador consegue o quer, sua vitória tem um preço bem alto.

Mack e Phyllis procuraram aconselhamento matrimonial porque havia muita dor em sua relação: quase mensalmente ocorriam brigas terríveis com relação a sexo, dinheiro, decoração da casa, compra de um carro, enfim, o usual. Nessas ocasiões, quando a raiva chegava a ponto de ferver, Phyllis começava com ameaças: "Amanhã vou ligar para o corretor e colocar esta casa à venda, e vou ligar para o advogado para falar sobre o divórcio. Não aguento mais esse abuso!" Mack sempre agia com paciência e dizia a Phyllis que a situação ia melhorar, lembrando-lhe que havia muito no casamento deles que valia a pena salvar. Então, tudo se acalmava até o próximo conflito.

A calma de Mack serenava e tranquilizava Phyllis quando ela ficava explosiva. A repetição desse padrão criou uma falsa sensação de segurança para os dois, que acreditavam que era função dele acalmá-la e que ele continuaria fazendo isso, como sempre fizera. Consequentemente, Phyllis nunca precisou aprender a controlar o temperamento. O que nenhum dos dois esperava, era que Mack de repente abandonasse a função de moderador matrimonial: as brigas frequentes estavam custando mais ao casamento do que haviam percebido. Certo dia, Phyllis mais uma vez ameaçou pedir o divórcio se Mack não cedesse ao que ela queria. Durante essa crise particularmente dolorosa, o ciclo finalmente foi rompido. Dessa vez Mack não tentou acalmá-la. "Tá bom. Vá em frente, faça isso. Não aguento mais viver assim", disse ele. Phyllis não acreditou que ele estivesse falando sério, mas estava: em duas semanas, estavam separados. Mack saiu de casa e foi morar sozinho.

Phyllis ficou chocada. Ela sabia que aquilo não era nenhum jogo, ele estava falando sério. Ela achava que poderia continuar com suas táticas manipuladoras indefinidamente, mas todo mundo tem um limite, e Mack chegara ao dele. Ele perdeu a vontade de continuar e até mesmo de tentar. Nas sessões de aconselhamento seguintes, Phyllis sentiu muito remorso por ter sido tão desonesta. Admitiu que amava Mack, que queria muito manter o casamento e até mesmo que adorava a casa que vivia ameaçando vender. Confessou que todas as suas ameaças eram vazias e que finalmente se dera conta do que realmente queria. Mas já era tarde, Mack não estava disposto a voltar. Foi uma lição dolorosa para Phyllis, mas ajudou-a a se tornar mais consciente de sua forma de se expressar, uma lição que ela não esqueceu mais.

41
Culpar o outro não vai lhe dar o que você realmente quer

LINDA: Venho de uma antiga linhagem de "distribuidores de culpa", meus ancestrais tinham a estranha noção de que se fizermos a outra pessoa se sentir culpada ela não repetirá um comportamento indesejável. Honrando a tradição da família, usei essa tática no meu casamento por alguns anos. Percebi, contudo, que, apesar dos meus esforços, os comportamentos indesejáveis persistiam. No final, Charlie e eu sempre acabávamos nos sentindo mal, e apontar seus erros me deixava com um gosto amargo na boca e uma sensação de solidão.

O que fazer com um padrão destrutivo que está na família há gerações? Decidi ser desleal à tradição e jurei resistir à tentação de manipular através da culpa. Em vez disso, tentei manter minha atenção em mim e não focar nas coisas que não gostava em Charlie. Troquei o "Você nunca fica comigo" pelo "Eu adoro ficar com você. Quando você vai ter tempo para nos divertirmos essa semana?" Em vez de "Nunca vamos a lugares novos e interessantes", experimentei dizer: "Que tal passar o fim de semana na praia? Eu faço as reservas e chamo alguém para cuidar das crianças." Embora nem sempre consiga o que quero, na maioria das vezes dá certo e, mais importante, aqueles sentimentos negativos que surgiam depois e me deixavam ressentida e infeliz pertencem ao passado.

42

Dê o que você quer receber

Lucille media 1,98m, tinha ossos largos, era forte e alguns anos mais velha que o marido Dennis. Ele era delgado, delicado e sensível. Lucille era direta e falava o que pensava, projetando um ar de segurança em situações sociais, que não condizia com o que sentia por dentro. Era comum sentir-se insegura e malquista, e usava sua presença física imponente para disfarçar sua falta de autoconfiança. Lucille também queria que Dennis sempre reafirmasse sua atração sexual por ela. Embora ele tentasse demonstrar seu amor, seus esforços nunca eram muito convincentes e ela continuava a se sentir ansiosa e insatisfeita.

Um dia, uma amiga dela morreu repentinamente, de aneurisma cerebral. Lamentando a perda, Lucille entrou em contato com sua própria vulnerabilidade, aquele seu lado que se escondia por trás de uma imagem de força e competência. Ela passou a falar mais abertamente sobre seu medo, solidão e confusão, e sobre o quanto amava Dennis, que pôde corresponder com maior facilidade. Seu coração aberto abriu o dele de uma forma que sua coerção nunca conseguira. A atenção que o marido passou a lhe oferecer era muito mais gratificante, porque era espontânea.

Grata pela atenção genuína de Dennis, Lucille começou a lhe dar o reconhecimento que sempre quisera para si e ele respondeu da mesma forma. A maioria das pessoas já descobriu, da maneira mais difícil, que tentar obrigar alguém a dar o que se quer não traz os resultados desejados. Por que, então, tanta gente continua a usar o controle e a manipulação, diretos ou encobertos, para coagir o parceiro a lhe dar o que deseja? Um fato é certo: as alternativas não são muito óbvias.

Dar o que você valoriza, em vez de tentar receber, é uma abordagem que pode produzir resultados muito positivos, contanto que você tenha um mínimo de confiança e paciência. Por exemplo, em vez de tentar fazer com que seu parceiro o entenda, se esforce um pouco mais para entendê-lo. Não apenas o que ele diz, mas também como se sente. Em vez de pedir para que o escute, deixe o outro falar, ouça com atenção, não interrompa e não responda até ter certeza de que ele acabou. Em vez de tentar fazer com que ele expresse seu afeto por você, demonstre o quanto você aprecia e gosta de seu parceiro, usando os meios mais criativos e sinceros que conseguir. Temos mais facilidade em nos entregar quando nos sentimos cuidados, e normalmente o impulso de reciprocidade surge espontaneamente. O sentimento de gratidão acende nosso desejo de dar, de uma forma que satisfaz muito mais do que em resposta a algum tipo de coerção ou manipulação.

43
Não negligencie seus amigos só porque se casou

Nancy e Leslie eram grandes amigas havia anos, viajavam juntas nas férias e compartilhavam tudo. Quando Nancy se apaixonou, Leslie ficou feliz por sua amiga ter finalmente encontrado um bom homem. Mas, conforme o namoro progredia, as duas se viam cada vez menos. Quando Leslie telefonava, quase sempre era atendida pela secretária eletrônica e assim a frequência dos bons momentos juntas diminuiu gradativamente.

Leslie sentia muita falta de Nancy, mas só após o casamento finalmente arriscou um diálogo franco. Leslie disse à amiga o quanto se sentia negligenciada e rejeitada. Nancy ficou na defensiva dizendo que estava ocupadíssima cuidando de sua carreira de enfermeira, e o tempo que sobrava era absorvido por esse homem que era, literalmente, a resposta às suas orações. Leslie não desistiu: "É por me importar tanto com você e com nossa amizade que preciso lhe dizer isso: você abandonou todos os seus amigos. Faça uma retrospectiva da sua vida no último ano. Entre se apaixonar, planejar o casamento e a lua de mel, você não viu ninguém, exceto no dia do casamento."

Nos dias que se seguiram, Nancy pensou no que Leslie dissera. De fato, a maioria dos seus amigos sumira aos poucos, Leslie foi a única que se importou o suficiente para lutar por sua amizade. Ela agradeceu a honestidade e prometeu que ia cuidar mais da amizade das duas. Menos de duas semanas mais tarde, Nancy caiu de um cavalo, fraturando gravemente uma das pernas. Nos meses de recuperação que se seguiram, ela precisou da proximidade de uma amiga e, quatro meses mais tarde, Leslie, foi mãe solteira. Embora o marido de Nancy lhe desse atenção durante sua recuperação, ela estava imobilizada e ficava sozinha o dia inteiro enquanto ele trabalhava. A vida da amiga também mudou drasticamente após a chegada do bebê. As visitas de Leslie ajudavam Nancy a se sentir menos isolada, e ela teve um papel importante como madrinha do bebê de Leslie. As duas agora precisavam uma da outra mais do que nunca e estavam profundamente gratas por não terem perdido a amizade.

Durante a empolgação de um novo amor, pode parecer inconcebível que qualquer outra relação em nossas vidas chegue perto do êxtase e da felicidade que encontramos com o novo companheiro. Muitos cometem o erro de negligenciar os antigos amigos quando imersos em um novo romance. Até mesmo os amigos mais leais perderão a paciência, se ficarmos indisponíveis por muito tempo. Todos temos várias necessidades interpessoais, muitas das quais não podem ser atendidas por nosso parceiro. Não importa o quão maravilhoso tudo esteja em nossa relação, se perdermos nossas amizades, nossa vida fica menor, e diminuem as riquezas que podemos levar para nosso casamento.

44

Se pensar "Essa não é a pessoa com quem me casei", provavelmente terá razão

LINDA: Minha amiga Sophie me contou que um dia olhou para o marido Ray, com suas "perninhas finas" aparecendo por baixo do roupão de banho, e pensou consigo mesma: "Eu devia ter escolhido melhor." Esse momento foi um desafio para ela, pois foi quando percebeu que, afinal, não havia ganhado o "grande prêmio". Ray era o mesmo cara alto e magro com quem se casara, mas agora possuía menos cabelo, estava grisalho e tinha 60 anos. Ele não se exercitara muito ao longo dos anos e ela achava que ele não tinha envelhecido de forma graciosa.

Enquanto isso, a carreira de Sophie deslanchara. Ela trabalhava diariamente com mulheres e homens dinâmicos, criativos e realizados. Seu sucesso profissional lhe deu uma imagem exagerada de si mesma. Olhando para Ray agora, ele parecia envelhecido e largado, como um sapato velho e gasto. Ray estava mesmo mudado. Quando mais novo, lutara valentemente competindo para alcançar o sucesso em sua carreira. Ele se saíra bem, mas já não era impulsionado pela fome de poder e sucesso que o impelira durante a maior parte de sua vida adulta. O momento agora era de diminuir o passo e aproveitar mais a vida, e ele ficava absorto com os prazeres simples do lar e da família. Fazia pães e bolos para comer com Sophie, adorava trabalhar no jardim, podar flores, e fazia belos arranjos como prática meditativa.

Sophie, por outro lado, sentiu-se livre quando seus filhos saíram de casa, e mergulhou de cabeça na carreira. Após uma profunda reflexão, percebeu que essa escolha devia ser difícil para Ray naquele momento de sua vida. Ele havia planejado trabalhar menos para passar mais tempo com sua esposa, e ela se comprometera com o trabalho, viajando pelo mundo. Percebeu também que, de certa maneira, ela também não era nenhum "grande prêmio". Essa reflexão ajudou-a a apreciar mais Ray, sem se colocar para baixo. Ela viu que os dois se mereciam, literal e figurativamente: nenhum dos dois era superior ou inferior, mas diferentes, cada um era de um jeito.

Sophie resolveu continuar casada com Ray, com pernas finas e tudo, e empenhou-se em criar uma relação profunda e amorosa com ele, uma relação capaz de incluir as falhas e as imperfeições de ambos, assim como seus grandes dons.

Quando nos casamos, temos muitas ilusões e expectativas. Em geral, não passamos tempo suficiente juntos para nos conhecer totalmente. Conforme nossos parceiros amadurecem e mudam, vão se revelando, e somos desafiados a nos adaptar e aceitá-los como são, e essa capacidade de aceitação provavelmente será recíproca. Claro que isso não significa que devemos tolerar comportamentos desrespeitosos ou abusivos, mas aceitar os aspectos da personalidade do outro que não estejam exatamente de acordo com nosso conceito de parceiro ideal. A mudança é a única constante na vida, e o casamento é uma grande lição para aprendermos a aceitar a inevitabilidade das mudanças pessoais do outro e do mundo.

45

Você ganha muitos pontos resistindo à tentação de provar que está certo

CHARLIE: Por muitos anos, tive a necessidade de provar que estava certo. O que me impulsionava era o desejo de impressionar Linda e outras pessoas com minha inteligência, e a adrenalina de ter a palavra final quando provava estar certo nas discussões. Isso era tão importante para mim que muitas vezes perdi a noção das consequências do que fazia. Eu pressionava, falando alto, até que me provassem estar errado (o que a meu ver raramente ocorria, pois estava sempre fechado a opiniões contrárias) ou tinha a última palavra. A excitação da vitória era sempre seguida por uma sensação de derrota, pois a confiança, a intimidade e o carinho eram inevitavelmente sacrificados. Eu demoro a aprender, então levei um tempo para perceber que essas perdas eram muito maiores do que o prazer fugaz da vitória: eu estava ganhando as discussões, mas perdendo o prêmio verdadeiro.

Hoje, raramente caio na tentação de forçar minha opinião. Minha necessidade de estar certo já não é tão grande, pois parei de alimentar esse desejo: os maus hábitos enfraquecem e morrem quando paramos de favorecê-los. O resultado é o fortalecimento da boa vontade e da doçura no meu casamento, que o torna muito mais valioso.

No início, mesmo motivado a acabar com o hábito de precisar ter razão, abrir mão de estar sempre certo foi um desafio muito maior do que eu esperava. Notei que, quando não tentava provar minha opinião, geralmente ficava suscetível a ser considerado culpado. Antes, culpar os outros me fazia sentir menos vulnerável à possibilidade de ser criticado e atacado. Agora, sentia-me nu e desprotegido sem a defesa das minhas estratégias de combate intelectual. No final, aprendi que a melhor defesa é a verdade da minha experiência, que, ao contrário de uma postura defensiva, não provoca ataques ou agressões.

Aprender a reconhecer o quanto me armei emocionalmente e encontrar a coragem e a força para me desarmar foi o maior desafio da minha vida, e também um dos mais gratificantes. Ao desistir da necessidade de provar que estava certo, descobri um grau de confiança, abertura e ligação com Linda e com outros que nunca havia imaginado existir. Estar aliviado desse fardo me faz sentir mais livre, mais leve e mais relaxado do que nunca e, diferente do que eu temia, o mundo se tornou um lugar mais seguro, não mais perigoso. Vai entender.

46

O que você julga em seu parceiro é um reflexo do que julga em si mesmo

LINDA: Quando éramos universitários, eu ficava doida com o jeito tranquilo de Charlie: ele não se matava de estudar e ainda assim tirava boas notas. Mais tarde, quando ambos estávamos trabalhando, ele sempre arrumava tempo para se divertir e relaxar. Eu o julgava, achando que ele não tinha ambição ou estímulo, mas na verdade achava-o preguiçoso. Havia algo que me deixava irritada sempre que ele tirava um tempo de folga, com o passar dos anos, entendi que eu tinha uma inveja enorme por ele cuidar tão bem de si mesmo.

Quando, por fim, aceitei esses sentimentos, consegui, em vez de julgá-lo, aprender com ele. Comecei a usar nossa relação como espelho para descobrir o que eu estava rejeitando em mim mesma. Foi uma prática trabalhosa, mas muito recompensadora. Descobri que tinha medo de que, se aceitasse meu "bicho preguiça" interno, não faria nada e me tornaria displicente, ou, pior ainda, que as pessoas me veriam como a pessoa preguiçosa e imprestável que eu temia ser! Através desse processo, gradualmente fiquei mais tolerante em relação ao que eu chamava de falha: com o tempo, aprendi a vê-las não como aspectos positivos ou negativos, mas simplesmente como inclinações, desejos, sentimentos e características. Esse processo ajudou a me aceitar mais e a julgar menos os outros. Ao identificar aspectos que eu desconhecia de mim mesma, criei um lugar para eles em minha vida.

É um prazer enorme para o parceiro quando fazemos nosso próprio trabalho. À medida que desenvolvemos maior tolerância a todas as nossas características, passamos a ser uma companhia mais agradável para nosso parceiro e para nós mesmos. Quando nos aceitamos melhor, passamos a julgar menos os outros. Nossa experiência de aceitação é como um ímã que atrai outras pessoas para nossas vidas. É estranho como essas qualidades maravilhosas são geradas a partir de julgamentos que antes eram fonte de tanta dor, mas não é verdade que as maiores dádivas vêm das experiências mais difíceis?

47

Seu parceiro é seu professor e seu aluno

Uma das leis primordiais nos relacionamentos é a de não sentirmos atração pelos iguais. O fenômeno da complementaridade diz que, em geral, nos sentimos atraídos por pessoas muito diferentes, e, em alguns casos, totalmente opostas a nós. A razão para isso é simples: dentro de cada um há o desejo de experimentar a totalidade, o que nos leva a pessoas mais desenvolvidas em algumas áreas do que nós. Infelizmente, as mesmas qualidades que inicialmente nos atraem no parceiro podem nos levar à loucura quando a paixão inicial acaba, e resistimos exatamente às lições que nos levaram a convidar a pessoa a entrar em nossa vida. Em vez de aproveitar o ensinamento que as diferenças do parceiro nos trazem, de crescer e de expandir nosso ser, repudiamos suas diferenças, sentindo-nos ameaçados e incomodados por elas. Então, tentamos mudar o outro, forçá-lo a ser como deveria ser... ou seja, mais parecido conosco! Enquanto isso, é claro que eles tentam fazer a mesma coisa. Não é de se admirar que tantos casais travem lutas de poder.

Tony era um homem consciente, confiável e responsável. Era sempre o motorista da vez quando saía com seu parceiro, Abel, e com outras pessoas. Abel era músico e trabalhava em um estúdio, onde colaborava com pessoas criativas e artísticas. Tony cuidava da casa enquanto Abel trabalhava até tarde da noite e nos fins de semana. Tony se ressentia da natureza imprevisível dos horários do amado e dos altos e baixos financeiros de sua profissão.

Abel ficava irritado com as tentativas de Tony para mudá-lo. Tony queria que ele levasse uma vida mais estável, bebesse menos e fosse menos volúvel. Abel achava que o parceiro estava tentando esmagar sua criatividade e domesticá-lo, e eles disputavam o controle e o poder na relação, já quase arruinada. Finalmente, cada um reconheceu as consequências de suas disputas e o medo por trás dos esforços de ambos para controlar o outro. Eles começaram a perceber que cada um tinha algo para oferecer ao outro, e que, embora nem todos esses dons fossem de fácil aceitação, tinham a possibilidade de enriquecer a qualidade de vida de cada um, assim como a de seu relacionamento.

Aos poucos, Abel aceitou a influência de Tony, introduzindo mais disciplina e foco em sua vida. Ele começou a tomar atitudes mais tranquilas quando frustrado, e, em vez de explodir com Tony quando estava nervoso, passou a expressar suas queixas de forma mais responsável e respeitosa. Parou com os surtos de irritação no trabalho, que haviam feito muitos empregados pedirem demissão. Com ajuda estável e constante, o trabalho de Abel prosperou, e ele ficou impressionado ao descobrir que era capaz de lidar com suas emoções sem reprimir sua criatividade.

Tony, por sua vez, aprendeu a arriscar e a ser mais aventureiro. Deixou um emprego bem remunerado para seguir o sonho que negligenciava havia anos: matriculou-se na faculdade e passou a estudar em tempo integral, adorou voltar a ser estudante e só tirava notas altas. Aprendeu com Abel a se entregar aos anseios do coração e a confiar que as coisas dariam certo de alguma forma.

Tendo consciência disso ou não, temos muito a ensinar e a aprender com nosso parceiro. Contudo, alguns se sentem mais confortáveis no papel do professor que sabe tudo, e outros, no de aluno receptivo. Os que se sentem confortáveis como alunos, abrem-se com facilidade para aprender com o parceiro, mas podem se sentir pouco confortáveis com a responsabilidade de transmitir conhecimento. Para aqueles que se sentem mais confortáveis no papel de professor, o aprendizado é desenvolver a humildade.

Às vezes, precisamos nos lançar em um papel ou outro: em uma relação, o ideal é que ambos desenvolvam a flexibilidade de desempenhar os dois, e a sabedoria para perceber quando essas mudanças são necessárias. Com o tempo, essa dança pode se tornar tão natural e espontânea que as diferenças entre professor e aluno desaparecem, dando lugar a dois amantes, que aprendem um com o outro e que se ajudam. Passamos a entender que existe um saber intuitivo e profundo que une as pessoas no início da relação, e que os melhores relacionamentos são aqueles em que ambos desempenham os dois papéis, cada qual incorporando a sabedoria e a força do professor e a abertura e a humildade do aluno.

48
Compromisso não é um acontecimento, é um processo contínuo

LINDA: Certa vez, conheci um homem criativo e dinâmico chamado Ken. Quando se casou, gostou tanto da festa que disse à sua esposa: "Devíamos fazer isso todos os anos!" E assim fizeram, 17 vezes. Casaram-se em várias tradições distintas: com um pastor batista na Guiana Francesa; em uma cerimônia anglicana na Inglaterra; por um juiz esquiador em Vail, Colorado; por um *kahuna* em uma praia no Havaí; com um marinheiro, pastor episcopal, a bordo de um navio; fizeram uma cerimônia budista no Zen Center, em São Francisco; e, certo ano, Al Huang, um mestre de tai chi chuan, casou-os em uma cerimônia no Esalen Institute, em Big Sur, Califórnia. Depois, um juiz mexicano casou-os em cabo São Lucas, com uma banda de mariachis tocando; e, no ano seguinte, casaram-se perto de Tucson, Arizona, em cerimônia realizada por um ancião da tribo indígena Navajo, que levou sua família vestida a caráter como testemunha.

Ken e sua esposa, Maddy, alternam-se anualmente na coordenação do acontecimento. Os religiosos sempre ficam muito animados em casar pessoas com tamanho compromisso, em vez de pensarem, como de costume: "Quanto tempo será que este casamento vai durar?"

A cada ano, há novos votos, um novo líder religioso ou juiz de paz, um novo fotógrafo e, claro, uma nova lua de mel. As fotos no álbum de cada cerimônia mostram as mudanças em suas vidas: há fotos de Maddy com a barriga grande, em cada uma das duas gestações, e, claro, o envelhecimento aparece nas feições do casal. Quando veem as fotos, eles lembram das dificuldades por que passaram juntos. Ken me disse que, a cada vez que participa de uma cerimônia, fica profundamente comovido e adquire uma nova compreensão sobre si e sobre o relacionamento. O custo, cerca de 200 dólares para cada líder religioso, mais o fotógrafo, parece pouco a pagar pelo valor extraordinário da renovação dos votos e do ritual de mais uma vez declarar seu compromisso e seu amor pelo outro.

Há bastante tempo me parece óbvio que não nos comprometemos com um relacionamento apenas uma vez, fazemos isso inúmeras vezes, pelo menos quando ficamos noivos, na cerimônia civil do casamento e a cada vez que temos um filho juntos. Existem também vários compromissos que passam despercebidos, mas que são profundamente importantes. Eles acontecem após fases de dúvidas, decepções e estresse, os períodos escuros do casamento que podem ameaçar sua continuidade. Quando navegamos na escuridão e a atravessamos, rumo a um período de renovação e luz, há motivos para grandes celebrações e alegrias.

Há anos que Charlie e eu renovamos nossos votos e fazemos mais alguns. Às vezes trocamos juramentos em nosso aniversário de casamento, às vezes no Dia dos Namorados e às vezes no Ano-novo, e todo ano saímos em lua de mel. O importante não é aonde vamos ou o que fazemos, mas renovar o compromisso de amor e apoio, em níveis cada vez mais profundos. Essas afirmações enriquecem o relacionamento, fortalecem o elo entre nós e nos lembram do amparo e do amor que sentimos no dia do casamento.

49
A generosidade de espírito é a base para os grandes relacionamentos

Ursala cresceu na Alemanha durante a Segunda Guerra Mundial e tem lembranças vívidas do terror dos bombardeios, da falta de alimentos e das crianças que ficaram órfãs devido às devastações da guerra. Quando se casou com Pete, os dois eram viúvos e seus filhos já eram crescidos. Quando Ursala estava com 60 anos e Pete com 75, ela assistiu, em sua igreja, a um filme sobre um grupo de órfãos que morava na Rússia. Seu coração se partiu ao ver um menino aleijado, com 4 anos, que só se movia com a ajuda das mãos e que era considerado inadotável. Ela não conseguia esquecer a criança e consultou Pete sobre adotarem o menino.

Embora Pete tivesse adorado criar seus filhos, aos 75 anos ficou chocado com a ideia de começar tudo de novo, com uma nova família, mas viu o quanto isso era importante para Ursala. Pete viveu um dilema entre sua vontade de descansar em uma confortável poltrona e aproveitar sua aposentadoria e a vontade de ajudar sua esposa a ter tudo o que fosse importante para ela. Por amor e devoção, Pete fez a escolha extraordinária de concordar com a adoção. Foi um ato de generosidade suprema, para com a esposa e o menino. As negociações para a adoção no estrangeiro foram trabalhosas, mas Ursala persistiu e conseguiu permissão para ir à Rússia buscar Alosha.

Pete e Ursala se apaixonaram pela criança adorável, inteligente e espirituosa. Alosha aprendeu inglês rapidamente, logo recusando-se a falar russo. Era como se ele estivesse deixando para trás a vida difícil no orfanato. Após vários exames, os médicos determinaram que suas pernas teriam que ser amputadas logo abaixo dos joelhos. Ele se adaptou às próteses e, graças à sua força de vontade e determinação, logo começou a andar com elas.

Alosha tornou-se o centro da vida do casal; Ursala e Pete relatam nunca terem se sentido mais próximos um do outro. Os dois foram generosos em receber um menino inválido e de outra cultura em suas vidas. Posteriormente, descobriram que, se Alosha tivesse crescido no orfanato, teria sido expulso aos 14 anos, devido à terrível superlotação, e teria que se virar sozinho. Eles são gratos por terem essa dádiva em sua família e juram que o menino os mantém jovens. A generosidade de espírito trouxe mais vida ao casal.

50

Se seu parceiro está na defensiva, você pode estar contribuindo para isso

CHARLIE: "Você está na defensiva!" Eu costumava gritar para Linda, e é claro que tinha razão. O que eu ignorava é que tinha dado motivos para ela sentir necessidade de se defender. Quando alguém é atacado ou sente que está em território hostil, é inevitável que surja a necessidade de se proteger.

Pouco conhecimento é algo verdadeiramente perigoso, e, nos primeiros anos de nosso relacionamento, era tudo o que eu tinha: conhecimento suficiente para perceber que Linda estava na defensiva, mas não para entender como eu contribuía para isso. Eu tinha experiência suficiente para entrar em disputas por poder, geralmente levando a melhor, mas não para perceber as consequências da minha competitividade. Eu era bom o bastante para ficar por cima, mas não suficiente para abaixar minhas armas quando geravam mais danos do que ajuda. Eu acusava Linda de estar na defensiva mais vezes do que gostaria de admitir, tentando tirar o foco da atenção de mim e colocar sobre ela.

Embora eu possa demorar a aprender, costumo me lembrar das lições mais difíceis. Essa foi especialmente difícil para mim, mas finalmente senti na pele: "Quanto mais você ouvir, menos seu parceiro ficará na defensiva." Em vez de tentar fazer com que o outro se defenda menos, pergunte a si mesmo: "Será que estou fazendo algo para contribuir para ele se sentir inseguro?" O momento de consciência que traz a pergunta quebra a tensão crescente. Você pode fazer a pergunta a si mesmo e à outra pessoa: "Estou fazendo alguma coisa que leva você a se sentir inseguro ou desconfortável?" É a curiosidade e a atenção genuína com seu parceiro que possibilitam uma ligação mais profunda e quebram o impasse da falta de confiança.

Em vez de tentar forçar o parceiro a se desarmar primeiro, o desafio é ter coragem suficiente para fazê-lo. Se o fizermos, convidamos nossos parceiros à vulnerabilidade, em vez de forçá-los. Esse processo de desarmar-se, de descartar nossos mecanismos de defesa frente ao perigo, requer muita coragem e comprometimento. Contudo, é exatamente isso que um compromisso precisa, se quisermos honrar um ao outro e a nós mesmos de forma amorosa. No início é difícil, mas com a prática podemos cultivar o gosto pela coisa, e com o tempo podemos desfrutar da imensa energia ativada em nós e na relação devido à nossa receptividade.

51

O casamento não é 50/50, é 100/100

Simon e Celeste estavam casados havia pouco tempo quando ela começou a se sentir desconfortável. Embora Simon ganhasse muito mais, eles concordaram em dividir todas as despesas. Quando era hora de pagar o aluguel, eles contribuíam com quantias idênticas. Era esse o combinado para todas as despesas: gás, eletricidade, água, supermercado e até mesmo a assinatura do jornal. Quando limpavam o apartamento, faziam isso juntos. Simon sentia certo orgulho pela "justiça" do acordo. Quando fazia uma massagem em Celeste, marcava o tempo, anotava em um papel e deixava na porta da geladeira até receber uma massagem equivalente dela.

Nas ocasiões em que Celeste protestava sobre as anotações na porta da geladeira, Simon dizia que ela reclamava de besteiras. Celeste não estava respeitando seus limites internos, que avisavam que ela estava se traindo, ela não gostava das regras, mas tinha medo de falar com franqueza. Em vez de arriscar um confronto com Simon, engoliu seus sentimentos e ficou quieta sobre sua insatisfação. Isso não funcionou, e Celeste afundou em melancolia. Nessa época, sua mãe resolveu passar uma semana em sua casa, e Celeste se animou momentaneamente, antecipando a visita. Ela e Simon limparam o apartamento, sem saber que suas vidas estavam prestes a sofrer uma grande mudança.

Inicialmente, a mãe de Celeste não falava muito. Observava, em silêncio, a filha e o genro interagindo, e lia as tabelas e anotações expostas na geladeira. Após alguns dias, não se conteve mais e disse: "Não gosto do que estou vendo aqui. Seu marido conduz este relacionamento como um acordo de negócios, mas o casamento não é um negócio. É isso o que você realmente quer?"

Celeste ficou chocada com as palavras da mãe e começou a chorar. Contou-lhe que se sentia cada vez pior com o passar do tempo, abatida e frágil, e como estava infeliz com o fracasso de suas tentativas de fazer Simon ouvi-la. A mãe de Celeste foi embora após a filha jurar que diria a Simon o que estava sentindo e que, apesar da dificuldade, seria forte e direta quando falasse com ele.

Simon ouviu suas queixas e respondeu que achava o acordo ótimo, justo e imparcial e que funcionava muito bem para ele. Celeste insistiu dizendo que não estava funcionando bem para ela e que, se não conseguissem resolver a questão sozinhos, teriam que recorrer à ajuda profissional. Simon recusou-se a participar de um aconselhamento matrimonial. "Eles só querem nosso dinheiro, e no final nós é que temos que dar um jeito no casamento. Além disso, conselheiros matrimoniais costumam ser mulheres, e elas sempre tomam o partido feminino. Não dá para esperar que sejam imparciais, é uma perda de dinheiro."

Celeste concordara com o combinado durante tantos meses que levara Simon a acreditar que ela estava satisfeita. Além disso, a preocupação ostensiva de Simon com a igualdade escondia um nível profundo de desconfiança do casamento. Embora ele reivindicasse que sua postura era justa e equilibrada, em essência, ela refletia uma visão de mundo na qual ele percebia as mulheres como não merecedoras de confiança e inclinadas a tirar vantagem de seus parceiros. Consequentemente, quando Celeste insistiu para que Simon reconsiderasse sua posição, ele não quis chegar a um novo acordo. Percebendo que Simon estava rigidamente apegado à sua autoproteção e que não poderia fazer nada para ganhar sua confiança, Celeste abriu mão do casamento e saiu da casa. Como era de se esperar, Simon não fez qualquer esforço para conciliar suas diferenças após a separação.

Após o divórcio, Celeste admitiu: "Eu sabia, desde o início, que havia algo de errado entre nós, e esperava que Simon passasse a confiar em mim e mudasse com o tempo. Acho que devia ter sido mais honesta sobre minha frustração desde o início. Na próxima vez, serei."

52

A confiança pode ser recuperada mesmo após uma traição dolorosa, mas isso será muito trabalhoso

Quando Kristie e Forrest se casaram, ela era ingênua a ponto de acreditar que a confiança que sentia na época da cerimônia seria sempre a mesma, só ficaria mais forte, então foi um grande choque descobrir que o nível de confiança tem altos e baixos em todas as relações. Quando tiveram a primeira crise, devido a uma aventura extraconjugal de Forrest, Kristie queria tanto viver a fantasia de que tudo era maravilhoso que, no início, não conseguiu nem absorver a notícia. Quando encarou a realidade, ficou desesperada, temendo que sua relação radiante estivesse maculada por uma marca que nunca iria sumir. Viu essa terrível decepção como o início do fim da relação, e concluiu que os dois nunca se recuperariam.

Mas eles tinham muito a aprender sobre restauração de confiança: a primeira coisa que Kristie precisava fazer era confrontar Forrest expondo seus sentimentos de mágoa e decepção; depois, tinha que enfrentar o desafio de tirá-lo do pedestal e aceitar suas falhas e inadequações. Por outro lado, ela precisava resistir à tentação de encenar o papel de santa, colocando-se como a íntegra e Forrest como vil pecador. A partir dessa crise difícil, os dois assumiram uma perspectiva mais madura, reconhecendo que ambos tinham fraquezas de caráter e pontos cegos, assim como qualidades e pontos fortes.

Nos meses seguintes, os dois tiveram inúmeras discussões sobre os fatores que culminaram na infidelidade. Kristie precisava falar de forma compassiva, sem culpar ou se defender, para criar uma atmosfera de segurança. Ela demorou muito para conseguir, mas responsabilizar-se por sua parte criou um espaço seguro, onde Forrest pôde falar de forma franca sobre a parte dele na quebra de confiança. Ele explicou que se sentia sufocado por ela ser tão possessiva e que em vez de falar com ela diretamente reagiu sem racionalizar. Ele fora imaturo naquela noite, bebera demais e agira como se fosse solteiro.

Os dois aprenderam com os erros a perdoar e a fazer reparações. No início, nenhum dos dois tinha ideia de que o casamento poderia ficar ainda mais forte e maravilhoso do que antes, não por causa da quebra de confiança, mas ao retomá-la. Os dois aprenderam que um relacionamento pode sofrer alguns golpes pesados e não apenas se recuperar plenamente, mas tornar-se mais resiliente. Os níveis de confiança podem melhorar devido à atenção e ao aprendizado necessários à reparação.

53

Você pode demorar para pagar, porém, quanto maior o tempo, mais penalidades e juros serão acumulados

O aniversário de 40 anos de Marcy estava chegando, e ela queria uma grande festa. Meses antes, pedira ao marido, Brad, para planejar a comemoração. Mesmo sabendo que o aniversário seria na época das suas provas finais, ele concordou em fazer os preparativos. À medida que o grande dia se aproximava, Marcy percebeu que não tinha muita coisa acontecendo: não havia evidências de convidados, flores, música, decoração, comida, um bolo, nem nada. Quando finalmente perguntou a Brad, ele admitiu não ter feito nada, e que a festa não estava no topo da sua lista de prioridades. Embora tivesse feito um acordo, ele não o cumpriu.

Marcy ficou terrivelmente desapontada e irritada, mas deixou os sentimentos de lado e se ocupou com a organização da festa. Os dois conseguiram correr e, com a ajuda de amigos, organizaram uma tremenda festa de aniversário em cima da hora. Nesse meio tempo, a amargura de Marcy cresceu tanto que nas semanas seguintes ela se recolheu, ficou fria e distante. Estava afundando em ressentimento, e Brad estava pagando juros e penalidades.

Ele tinha medo de tocar no assunto, mas era pior ainda viver no silêncio desconfortável. Disse a Marcy que realmente sentia muito e que, por não ter sido honesto desde o início, obviamente tinha feito uma grande besteira. Brad se mostrou vulnerável, mas Marcy não conseguiu perdoá-lo rapidamente. Ela estava pensando no caso havia semanas e julgara que não podia contar com ele. Para ela, aquilo não fora apenas um pequeno deslize e ela questionava o caráter de Brad.

"Se você tivesse sido honesto em relação às suas provas, eu teria entendido. Eu teria telefonado para minhas irmãs e amigas para organizarmos a festa, você teria apenas um pequeno papel. Mas, como não expôs seus sentimentos verdadeiros, achei que podia contar com você. Foi isso que me deixou mais chateada. Agora não sei se você é o tipo de pessoa com quem posso contar ou não."

Brad não discutiu, apenas ouviu sua mágoa, desapontamento e raiva. Ele achava justo que ela se sentisse assim. Em vez de tentar provar que ela estava errada, ele procurou demonstrar que era digno de confiança. Brad entendeu que era natural Marcy questionar se ele estava sendo honesto, então passou a dizer "não" quando sentia que não, em vez de blefar quando ela pedia algo. Nos meses seguintes, ele manteve todos os acordos e promessas que fez. Demorou algumas semanas para que a confiança fosse restabelecida, e ambos aprenderam a importância de falar a verdade para evitar as consequências inevitáveis da dissimulação. A confiança foi restaurada e se tornou mais forte do que antes.

54
A emoção barata que você sente ao desqualificar seu parceiro não é tão barata assim

Faye e Chip estavam envolvidos em uma disputa por poder que custava muito ao casamento. Como ambos eram impulsionados pelo medo de serem dominados e controlados, a menor questão se tornava uma enorme disputa e cada um esforçava-se ao máximo para ficar por cima. Faye estava acostumada a expressar todos os seus pensamentos: "Não acredito que você disse isso! Seus pais não o educaram? Você é grosso e nunca leva os sentimentos alheios em consideração! Você é a pessoa mais insensível que conheço! Tem gente que não aprende nunca." E Chip não ficava atrás. Ele logo devolvia: "Quando é que você vai entender? Você nunca escuta! Você sempre me interrompe e interpreta errado tudo o que digo! Você é igual à sua mãe, hipersensível. Não consigo imaginar o que deu em mim para me casar com você!"

Se você já disse algo semelhante, é culpado por diminuir seu parceiro. Diminuir o outro pode dar uma onda de prazer, advinda de uma breve sensação de superioridade e de segurança temporária por estar atacando alguém. Por maior prazer que isso dê, o preço é alto. Nesse caso, enquanto Chip e Faye se atacavam verbalmente, o amor que existia no início da relação se desgastava: seus esforços para ficar por cima estavam estragando o casamento.

Quando finalmente procuraram um conselheiro matrimonial, já haviam sofrido muito, devido aos ataques recíprocos.

Encontravam-se exaustos da montanha-russa emocional de ser magoados, sentir raiva e depois acertar as coisas, sabendo que na realidade a paz era temporária, apenas uma trégua até o próximo rompante de fúria. Nem Faye nem Chip conseguiam relaxar profundamente em casa. O nível de sofrimento que viviam motivou-os a baixar as defesas e a procurar a ajuda de que estavam precisando havia muito tempo.

Em seu aconselhamento matrimonial, foram introduzidos à ideia de vitória compartilhada. Isso não é uma estratégia para o sucesso, mas uma compreensão da realidade fundamental de que em uma parceria não existe o vencedor e o perdedor; se o que se ganha for à custa do parceiro, os dois perdem. Quando duas pessoas estão andando em uma bicicleta de dois assentos e um cai, os dois caem. Ganham juntos ou perdem juntos.

Faye e Chip gradualmente começaram a compreender e a se relacionar de maneira mais cooperativa e menos competitiva. Ao tentarem se relacionar dessa nova forma, descobriram que, embora o conceito seja simples, implementar a mudança não é fácil, mas, como ambos queriam desesperadamente preservar o casamento, empenharam-se em "brigar limpo". Tomaram consciência das questões que os impeliam a acusar e culpar o outro, e, na maioria das vezes, conseguiam evitar os danos antes que fosse tarde demais. Entenderam que a agressividade vinha de padrões de relacionamento que estavam em suas famílias há gerações, e que o trabalho que tinham não beneficiaria apenas a eles, mas também a seus filhos e netos.

Viram que dependia deles romper os ciclos que trouxeram muita dor a suas famílias. A ideia de libertar seus filhos desses ciclos dolorosos os incentivou a se comprometerem com o trabalho, que lhes traria maior paz interior e interpessoal. Chip sabia que não estava exagerando quando se referia aos esforços necessários para quebrar seus padrões de reação como "hercúleos".

Faye e Chip aprenderam a brigar de forma justa. Conseguiram se livrar da tendência habitual de cometer pequenas agressões. Ambos perceberam que podiam exercitar autocontrole, vulnerabilidade e honestidade para criar uma atmosfera de respeito. Ao se acostumarem com a experiência de maior confiança e segurança, ficaram menos tolerantes aos comportamentos que antes pareciam normais em sua relação. Os abusos verbais cessaram totalmente e os dois alcançaram um grau de confiança e respeito que nunca haviam imaginado ser possível. Em nosso último encontro, Faye disse: "Se nós conseguimos, qualquer um consegue!"

55

O casamento requer sacrifícios, mas os possíveis ganhos são infinitamente maiores que a renúncia

CHARLIE: No passado, quando tinha fobia de compromisso, estava certo de que os custos do casamento eram muito mais altos do que suas recompensas. Mesmo assim, esse medo não me impediu de casar, mas, durante muito tempo, não permitiu que me entregasse totalmente à relação. Mantinha-me parcialmente na retaguarda e dava prioridade às minhas necessidades (ou o que eu acreditava serem minhas necessidades), sem considerar as de Linda. Em um nível inconsciente, imaginava que dessa forma estava compensando minha perda de liberdade.

Obviamente, essa estratégia não funcionou. Minha luta para manter o controle só resultou em sofrimento para nós dois e, com o tempo, vi que as dádivas do casamento eram muito maiores do que as preferências que eu abandonara. No final, o bem-estar de Linda passou a ser tão importante quanto o meu. Durante o processo, senti mais satisfação e alegria do que nunca: sacrificar meu desejo de controle e autogratificação pelo compromisso de intimidade, apoio recíproco e crescimento espiritual foi o que me deu maior prazer. O resultado teria sido um ótimo negócio, mesmo se o preço fosse cem vezes mais caro.

Não quero, com isso, subestimar os sacrifícios que às vezes temos que fazer em um casamento. Nem sempre podemos fazer o que queremos, quando queremos, precisamos, no mínimo negociar e coordenar nossas preferências, gostos, horários e estilos com os do outro. Nem sempre podemos escolher o vídeo, o sorvete, o tapete, o restaurante ou o local das férias. Às vezes, teremos que nos mudar para outro estado por causa da carreira do companheiro, aceitar ter mais ou menos filhos do que gostaríamos ou cuidar dos sogros em idade avançada. Podemos até ter que passar por momentos de dificuldade financeira, vícios, depressão, doenças graves ou tragédia e, se ficarmos juntos, em algum momento teremos que suportar a morte do companheiro, ou ele a nossa.

Aprender a abrir mão da necessidade de que tudo seja sempre como queremos, nos permite criar uma relação harmoniosa, que nos proporcione uma satisfação mais profunda do que a gratificação dos desejos. Quando compartilhamos nossa história com outra pessoa, desenvolvemos segurança e confiança, permitindo uma intimidade impossível de acontecer em relações superficiais e, o mais importante, nos tornamos seres humanos mais amorosos.

56
Bom sexo não garante um ótimo casamento, mas ajuda bastante

Assim como bom sexo pode melhorar muito uma relação, a insatisfação sexual pode diminuir em muito a qualidade da conexão entre um casal. Não é o ato em si que importa, mas a maneira como cada um vê essa experiência e a boa vontade que se tem para respeitar o ponto de vista e os desejos do parceiro. Ian e Meredith vieram procurar aconselhamento porque pensavam diferente sobre a frequência de sua atividade sexual. Ian tinha uma libido mais forte e acreditava que sexo frequente era tudo o que precisavam para melhorar as coisas, enquanto Meredith achava que isso não era tão importante assim. Ficaram tão polarizados que começaram a dormir em quartos separados.

Meredith raramente sentia prazer no sexo. Era assombrada por lembranças infelizes de ser tocada de forma não apropriada por seu pai e relutava em falar sobre esses fatos traumáticos. Quando Ian a pressionava para fazer sexo ela ficava muito ansiosa, o que só piorava as coisas. No aconselhamento do casal, encorajamos Ian a ter paciência e a parar de insistir. Meredith começou a se abrir para os sentimentos reprimidos sobre seu trauma sexual. Ela frequentou um grupo de mulheres, para falar mais abertamente sobre os episódios de incesto, e com o tempo pôde livrar-se de grande parte da vergonha que carregava.

Após meses de prática de novas maneiras não sexuais de se tocarem, Ian e Meredith conseguiram ter relações. Sua cura precisou de um esforço considerável, mas frutífero. Passaram a ver a sexualidade como aspecto essencial de uma ligação íntima, um meio de entrosar amor, brincadeira e paixão.

O esforço que fazemos para estimular o aspecto sexual das nossas relações é uma forma de expressar amor e nutrir a parceria. Em alguns momentos, precisamos de mais paciência e moderação, para que nosso parceiro não se sinta pressionado e controlado. Às vezes, temos que ter maior disposição, para mergulhar no mundo do outro. Não como um ato de submissão ou acomodação, mas como uma maneira de levar prazer e alegria para a vida do outro. Ao se esforçarem para tornar a relação sexual mais gostosa, os dois sentem-se mais amados e apreciados. Identificando e fazendo o que pudermos para acabar com o impasse sexual, não só acrescentamos mais prazer ao nosso casamento, como criamos uma crescente sensação de gratidão, amor e contentamento.

57

O perdão não é um acontecimento isolado, é um processo

LINDA: Algumas pessoas têm facilidade de se desligar, mas talvez precisem aprender mais sobre compromisso e união quando a situação fica difícil. Outros são fortes no departamento do compromisso, mas podem ter dificuldade em soltar as rédeas do controle, mesmo que a situação peça. Sempre tive forte tendência para guardar ressentimentos, então meu desafio tem sido me soltar. Nos primeiros anos do casamento, quando ficava magoada, passava dias, semanas ou meses cultivando minhas feridas e (nem tão) secretamente guardando rancor contra Charlie por ser tão mau, negligente ou insensível em relação a mim. Ele, por outro lado, geralmente parecia conseguir se desembaraçar rapidamente do ressentimento e da mágoa. Ele ficava com raiva e logo esquecia.

Quando eu ficava magoada, sempre tinha uma parte que teimosamente se recusava a desculpar. Eu não queria abrir mão da raiva, que me dava uma sensação de superioridade. Contudo, com o tempo, comecei a perceber que isso me fazia mal. Quando Charlie estava trabalhando demais e passando pouco tempo em casa, eu ficava cheia de ressentimento e o peso disso me botava para baixo. Mesmo após me comprometer em ser mais indulgente, tive muita dificuldade para quebrar o hábito de guardar mágoas.

O impulso de retaliação é forte em muitas pessoas, e é ativado quando nos sentimos injustiçados ou traídos. Em face desses sentimentos, às vezes é quase impossível baixar a guarda e arriscar perder a "proteção" que o rancor cria, nos expondo ao risco de novas feridas. O que me motivou a romper o hábito de cultivar o ressentimento foi perceber que eu estava criando meu próprio sofrimento. Eu estava infernizando minha vida!

No processo, vi que era eu quem precisava perdoar a mim mesma. Precisava me perdoar por pecados antigos que julgava ter cometido (como ser mãe e esposa imperfeita) e por supostas falhas que caracterizavam minha personalidade e me tornavam indigna da minha própria aceitação amorosa (como às vezes estar irritada e impaciente com minha família). Eu também tinha de me perdoar por não perdoar. Tinha que aceitar que o hábito de guardar ressentimentos contra mim e os outros não era um padrão escolhido, e que não era minha culpa. Contudo, reconheci que, àquela altura da minha vida, tinha o poder de mudar essa tendência profundamente arraigada.

Entendi que essa mudança exigia grande esforço, prática, apoio, tempo e muita paciência, e, claro, houve momentos em que precisei me perdoar por demorar tanto. Como a cura de feridas físicas, o processo do perdão leva tempo e ocorre em etapas. Precisei ver que os mesmos problemas continuariam me afetando, a não ser que eu estivesse realmente disposta a abandoná-los e a abrir meu coração. Tratava-se de um delicado equilíbrio entre não procrastinar e não correr, mas aprendi que podemos vencer até mesmo os maiores desafios se dermos um passo de cada vez.

58
Até mesmo a menor fagulha pode reacender o amor

Quando Raymond e Marion vieram ao nosso workshop, estavam prestes a se divorciar. Moravam separados havia dois meses, mas nem mesmo essa separação fora suficiente para apaziguar a dor e a raiva acumuladas entre eles durante quase quatro anos. Raymond trabalhava para uma renomada firma de advocacia que demandava lealdade absoluta e serviço fiel de seus empregados. Isso era traduzido em muito dinheiro, mas também criava destruição nas vidas pessoais dos membros da equipe, sendo a maioria de solteiros ou divorciados. Como o próprio Raymond admitira: "Esse lugar é tão bom para o casamento quanto o cigarro para os pulmões." Durante os seis anos que Raymond trabalhara para a firma, ele viu "mais casamentos destruídos do que era capaz de contar."

O trabalho exigia muito e grande parte dos clientes era de outras cidades, o que o obrigava a viajar bastante. Ao contrário de vários dos seus associados, Raymond conseguia resistir à tentação de "pular a cerca" nas viagens. Mas, quando chegava em casa, estava tão exausto que tinha pouca energia para Marion e os dois filhos. O casamento deles estava se deteriorando devido à negligência crônica e à falta de vínculo emocional. Após meses de conflito e separação, estavam à beira do divórcio.

Em um workshop de relacionamentos, Marion ficou surpresa quando sugerimos que ela, que estava sentindo a maior dor, devia ter um papel mais ativo no fortalecimento do casamento. Nosso conselho não foi por ela ter mais responsabilidade do que Raymond pela qualidade da relação, mas por ela estar mais motivada a mudá-la, devido à sua profunda aflição. O vício de Raymond com relação ao trabalho o havia deixado insensível à dor de Marion e à sua própria dor, escondida, por estar tão desligado da família. Embora Marion não achasse justo ter sempre que tomar a iniciativa, se deu conta de que, até Raymond acordar de seu transe induzido pelo trabalho, havia pouca possibilidade de as coisas entre eles mudarem. Ela sabia que, se havia alguma chance de salvar seu casamento, teria que assumir um papel de liderança, e que mesmo fazendo isso não havia garantia de nada.

Ela saiu do workshop prometendo a si mesma que se esforçaria ao máximo para fazer as coisas darem certo e que se responsabilizaria pelo processo de criar o tipo de casamento que os dois realmente desejavam. Ela abraçou esse compromisso e trabalhou o tempo todo, deixando suas dúvidas e medos em segundo plano. Ela se agarrou à perspectiva de que conseguiriam recuperar sua essência e profundidade, convicta de que esse momento tumultuado era apenas temporário. Embora Raymond fosse pessimista em relação a salvar o casamento e muitas vezes achasse que seria mais simples e fácil "aceitar a perda e seguir adiante", Marion sabia que ainda havia algo que valia a pena salvar. Ela não estava pronta para declarar a morte de seu casamento enquanto ainda houvesse um sopro de vida nele.

Aos poucos, conforme sua convicção se fortalecia, Raymond se abriu à possibilidade de tudo dar certo. Enquanto Marion alimentava sua intenção de levar mais amor e reconhecimento para seu casamento, passava a reclamar menos de Raymond, e ele se via mais aberto a ela e a sentir seu amor, em vez de seu ressentimento e sua irritação. Por ela priorizar o que realmente queria viver com o marido, em vez de o quanto ele a decepcionava, Raymond sentiu-se inclinado a passar mais tempo com a família.

Os dois tiraram férias de uma semana, sem as crianças, algo que não faziam havia anos. Eles voltaram a sair juntos à noite, pelo menos uma vez por semana, e contrataram alguém para cuidar das crianças. Raymond falou sinceramente com seu supervisor imediato sobre as viagens de negócios que estava disposto a aceitar, e para sua surpresa, o supervisor concordou em modificar sua agenda.

Juntos deram novo fôlego e ressuscitaram o casamento. Ao trabalharem juntos, o amor voltou a fluir em seus corações e transformou sua relação. "Olhando para trás, percebo que nosso casamento quase acabou. Mas, por vermos o quão perto do fim estávamos, conseguimos trazê-lo de volta à vida", disse Marion. Como sobreviventes que voltam do portão da morte, Marion e Raymond agora sentem mais apreço um pelo outro. Ambos têm certeza de que nunca mais chegarão tão próximos do fim.

59

Se você descobrir o que o seu parceiro quer e ajudá-lo a conseguir, ambos ficarão mais felizes

Seth era engenheiro e pensava de forma bastante concreta. O mundo das emoções e sentimentos lhe era estranho, ele não sabia quais eram os desejos mais profundos de sua esposa Lillah, tampouco tinha noção dos próprios desejos, pois não se fazia esse tipo de questionamento. Embora amasse Lillah, ele não a conhecia verdadeiramente. Eles viviam em um script, que tinham adotado anos antes, e nunca se perguntaram se ele servia às suas necessidades e desejos individuais e compartilhados. Após uma discussão muito dolorosa, ficou claro para cada um que, emocionalmente, viviam como estranhos. Em vez de optar pelo divórcio, decidiram descobrir com quem cada um estava vivendo. Sua averiguação começou com algumas perguntas bem básicas: Do que você não gosta? O que gosta de fazer com seu tempo livre? O que você gosta de fazer em minha companhia? Do que você precisa quando está infeliz? Que tipo de ajuda funciona para você? O que anima você? O que desanima você? O que você realmente adora fazer? O que dá a você maior alegria?

Uma de suas primeiras descobertas foi um desejo mútuo de incrementar a vida sexual. Quando começaram a introduzir mais brincadeiras e criatividade no quarto, deram um passo para um bom começo. Então Lillah disse que gostaria que sua casa fosse própria, e dentro de um ano conseguiram dar entrada em um financiamento. Seth queria plantar árvores frutíferas e flores. Lillah não gostava muito de trabalhar no jardim, mas fazia companhia ao marido enquanto ele cuidava das plantas, porque significava muito para ele. Ambos descobriram que quando ajudavam um ao outro a satisfazer seus desejos nunca tinham a sensação de sacrifício e podiam desfrutar do prazer juntos. Eles aprenderam rápido e sua relação tornou-se uma busca gratificante de como poderiam presentear o outro com a satisfação dos grandes anseios de seus corações. Eles se deram conta de que o seu maior desejo era ter mais amor em suas vidas, então aprenderam a criar condições que permitiam viver de coração aberto.

Estavam praticando tudo isso havia meses quando ofereceram a Seth um serviço de engenheiro no exterior. Aceitar o trabalho implicaria deixar Lillah sozinha por oito semanas com três crianças muito ativas mais o emprego dela. Como já fazia demais em seu dia a dia, ela sabia que isso seria difícil, pois, além de tudo, Seth ia trabalhar em lugares onde não teria acesso a telefone. Lillah encarou tudo isso como uma prova final. Sabia o quanto Seth desejava ir e não hesitou em apoiar a decisão. Embora alguns aspectos da separação tenham sido difíceis, a experiência acabou sendo muito enriquecedora. Lillah descobriu, quando colocada em teste, que podia lidar com as exigências da vida. Foi recompensada com uma imensa sensação de autoconfiança e também com a gratidão e o respeito profundo de Seth.

60

São os desafios, não o casamento, que fazem de você uma pessoa melhor

LINDA: Quando me casei era fraca, chorona, ignorante e inexperiente. Não tinha ideia do que me esperava e nutria várias fantasias nada realistas, pois havia engolido todos os mitos românticos de Hollywood. Com o passar do tempo, minha experiência de vida ajudou-me a despertar desse transe. Nem sempre foi fácil e divertido, é doloroso quando os mitos caem por terra, mas finalmente abri meus olhos. No início da década de 1970 vi um pôster, de tamanho real, do Swami Satchidananda, de tanga, curvado sobre uma prancha de surfe. A legenda dizia: VOCÊ NÃO PODE DETER AS ONDAS, MAS PODE APRENDER A SURFAR.

Aprendi que o casamento é assim. Mesmo quando se é um bom surfista, às vezes as ondas nos derrubam. Os desafios não param e caí várias vezes enquanto estava aprendendo, o que acontece com todos nós. Com o tempo, foi ficando mais fácil, especialmente quando percebi que o casamento pode ser um caminho para nos tornar uma pessoa mais forte e inteira. Os desafios então se tornaram: O que devo aprender com isso? Como posso me desenvolver mais plenamente? Que dádivas tenho para dar?

Uma das coisas que demorei a aprender foi que me concentrar no que Charlie estava fazendo e tentar modificá-lo não era uma boa estratégia para trazer maior satisfação à minha vida. Conforme fiquei mais capaz de me concentrar em mim mesma, não em Charlie, comecei a sentir maior retorno da energia que despendia. Em vez de tentar fazer Charlie cuidar melhor de mim, concentrei-me em eu mesma fazer isso. Era uma forma muito mais eficiente de fazer as coisas, era como tirar o intermediário. Além disso, pude desenvolver aspectos meus que sempre tive vontade, e meus níveis de coragem, disciplina, honestidade, paciência, autoconfiança, perdão, equilíbrio e compaixão cresceram muito.

O casamento servia a várias oportunidades de crescimento. Vivi e trabalhei ansiedades em relação a dinheiro, conflitos relativos à educação dos filhos, solidão resultante de eventuais separações físicas ou emocionais de Charlie, raivas por não me sentir apreciada, quebra de expectativas (foram demais para listar), doenças graves e frustração por não ter tempo suficiente para todas as áreas da minha vida. A aceitação do que o casamento me deu catalisou meu crescimento, tornando-me uma pessoa mais consciente, digna e amorosa.

Dirigindo-se ao Explorer Club, a organização que patrocinou sua primeira viagem malsucedida ao cume do monte Everest, Sir Edmund Hillary olhou para uma foto projetada da montanha, brandiu seu punho fechado e gritou: "Você não consegue ficar maior, mas eu consigo." Hillary realmente voltou e conquistou aquela montanha, ficou maior. Para ele, isso significou um maior desenvolvimento das qualidades necessárias para vencer os desafios do Everest. O casamento nos convida a fazer o mesmo, desafia-nos a nos tornarmos maiores. Tal união nem sempre nos brindará com o companheiro dos nossos sonhos, mas se nos abrirmos totalmente ao que ela evoca em nós, nos tornaremos o companheiro dos nossos sonhos.

Todos conhecemos casais que estão juntos há anos, mas que não parecem ter aprendido muito sobre a vida e o amor. Podem ainda estar fechados, com medo e raiva, ressentidos e negativos. Esses casais podem se manter, mas sem aproveitar os momentos de ensinamentos da vida. Do casamento, só têm a mostrar o registro do tempo que viveram juntos, enquanto outros casais têm uma sabedoria que está muito além dos anos que passaram juntos, pois usaram os desafios de suas vidas individuais, assim como aqueles provenientes do casamento, como oportunidades de aprendizagem e crescimento. Qualquer um, em qualquer momento, pode aceitar os desafios que se apresentam continuamente, em vez de evitá-los. Na aceitação dos desafios, a compaixão, a sabedoria e o amor amadurecem.

61

Criar um grande casamento demanda mais tempo e esforço do que se imagina

Uma das letras de Bob Dylan de que mais gostamos diz: "Aquele que não está ocupado em nascer está ocupado em morrer." Estas palavras falam do desafio de criar uma vida animada e essa disposição também é necessária para promovermos a vitalidade em um casamento. Se não o fizermos, a paixão que originalmente acendeu nossos desejos se extinguirá. Quando isso ocorre, os padrões condicionados podem tomar conta da relação e corroer os alicerces do amor. Com o passar do tempo, as pequenas coisas que tentamos não ver, ou ignorar, podem se acumular, e ficamos repletos de frustrações e decepções. Necessidades não satisfeitas e ressentimentos negados podem destruir uma relação que antes era forte e saudável. Podemos acordar um dia e perceber que já não nutrimos a mínima esperança. Nossos relacionamentos podem se autodestruir se não estivermos atentos e conscientes.

Uma relação de amor não pode ser criada com pressa. É necessário tempo e esforço para transformar uma relação de amor em uma bela criação. É preciso, também, um trabalho contínuo para manter essa relação em boas condições. Pode levar anos para se desenvolver um estilo de companheirismo que funcione para as duas pessoas, e as melhores relações estão sempre crescendo, sendo constantemente recriadas.

Outro sábio dos nossos tempos, Woody Allen, certa vez disse: "A relação é como um tubarão: se a movimentação cessar, morre." Por subestimarmos a complexidade das relações humanas, esperamos que a satisfação ocorra rápida e facilmente. Essa crença abre espaço para grandes decepções, e também para a possibilidade de nos ressentirmos em relação ao parceiro, ou de nos sentirmos inadequados em relação a nós mesmos.

Em um mundo que promove gratificação imediata, é fácil esquecer que a maioria das pessoas se casa sem ter se tornado um ser humano amoroso e autêntico. As várias facetas do casamento nos conferem a experiência necessária para tal desenvolvimento. Esse empenho é para toda a vida, não é um esforço transitório que se faz da noite para o dia. Normalmente, é preciso mais paciência e fé do que imaginamos para continuarmos a nos esforçar sem desistir diante das frustrações. Quando os dois estão dispostos a fazer sua parte nesse processo, a preocupação com o tempo fica em segundo plano, à medida que nos envolvemos com as alegrias advindas do processo.

62

A criação de um casamento é como o lançamento de um foguete: quando não há gravidade é muito mais fácil manter o curso

Assim como um ônibus espacial queima cerca de noventa por cento do seu combustível nos primeiros momentos de voo, o casamento também requer mais energia durante os estágios iniciais. No casamento, no entanto, esses estágios provavelmente durarão alguns anos, não alguns minutos. É no início do relacionamento que geralmente encontramos os verdadeiros desafios do compromisso, como a necessidade de abrir mão do controle, a capacidade de parar de resistir às mudanças, a escolha de pôr de lado os desejos do ego em favor da parceria e a disposição de se colocar de forma vulnerável e honesta diante do medo e da dor.

Felizmente, essa concentração de energia não é necessária de modo permanente: quando acabam os estágios iniciais, a quantidade de energia necessária para abastecer o compromisso diminui de modo significativo. Infelizmente, muitos casais não conseguem passar pelos desafios que surgem no começo. Quando se deparam com as exigências inevitáveis que ocorrem quando se está envolvido com o relacionamento, uma ou ambas as pessoas podem decidir que é trabalho demais; que não foram feitas para isso; que não vão conseguir viver assim durante cinquenta anos; que de uma forma ou de outra, as perspectivas são opressivas demais.

Contudo, os casais que conseguem encontrar força e esperança para resistir à tentação de largar tudo quando ficam, inevitavelmente, desanimados são recompensados por sua persistência e esforços. Estes entendem que tais sentimentos e dúvidas são praticamente universais e que não refletem uma disfunção básica em seu novo relacionamento matrimonial, que, se continuarem tentando e confiando, desenvolverão a força que o casamento requer. Assim como um atleta que fica mais forte quando se nega a desistir e persiste quando seu corpo não aguenta mais, os casais podem fazer o mesmo. A recompensa para esse tipo de perseverança é maior do que um bom casamento; ela é também uma das maiores sensações de bem-estar pessoal por ter honrado o compromisso matrimonial. Sim, pode ser muito difícil, mas o processo fica mais fácil com o passar do tempo, e as recompensas excedem nossas expectativas.

63

Sentir atração por outra pessoa não diminui a qualidade do seu casamento, mas agir impulsionado por essa atração, sim

LINDA: Sou uma ciumenta em recuperação. No início do nosso casamento, eu era muito insegura. Certa vez, quando vi Charlie dançando com uma loira alta, magra e atraente em uma festa, entrei em uma terrível crise de ciúmes. Na volta para casa, explodi: foi a maior cena, e quase batemos com o carro. Quando a poeira baixou, conseguimos falar sobre o flerte dele e a minha reação. Nos anos seguintes, vivemos outros episódios semelhantes, e aos poucos consegui acreditar que os flertes de Charlie são inofensivos e não colocam nossa relação em risco. Agora já não fico em pânico nessas ocasiões, viro mera espectadora.

Contudo, foram necessários tempo, conversas e ajustes de ambas as partes para chegarmos a isso. Sei que nenhum de nós faria algo que colocasse nosso casamento em risco ou magoasse o outro e nossos limites estão claros. Na calma dessa certeza, hoje me alegro com a vivacidade do espírito humano que nos leva a sentir a centelha da atração por outras pessoas de tempos em tempos. Não quer dizer que algo esteja faltando ou esteja errado em nosso casamento, só porque ocasionalmente sentimos atração, às vezes intensa, por outra pessoa. Sensações no corpo, pensamentos que brincam com a mente e fantasias são apenas parte de um show que passa. Esses sentimentos surgem e, se não os alimentarmos, se vão. São apenas testemunhos de que nossa paixão vai bem, obrigado.

64

Um casamento bem-sucedido depende mais de como você lida com o presente do que com o passado

Por sermos terapeutas, é difícil nos imaginar dizendo que o passado não é tão importante assim. Mas aprendemos muito com nossos clientes, vários passaram anos contando e recontando histórias de sua infância. Embora não haja dúvidas de que as primeiras experiências de vida desempenham um papel significativo em nossa formação, também está claro que outros fatores exercem uma influência maior ainda sobre a qualidade da nossa vida e relacionamentos atuais. Podemos acessar, dissecar, avaliar e analisar o passado pelo resto de nossas vidas, como muitos fazem. Podemos usar histórias do passado para justificar uma crença na infelicidade inevitável, mas contar essas histórias surte pouco efeito sobre o nosso futuro. Aprender com o passado e colocar as lições em prática no presente é o que nos faz criar um futuro diferente. Esse processo requer exame e questionamento de nossas crenças antigas e ocultas.

Não importa quantas vezes uma mulher se lembre dos abusos que sofreu do pai e atribua sua desconfiança dos homens a ele, seus relacionamentos não mudarão até que ela aprenda as lições inerentes à recuperação de uma experiência traumática, por mais dolorosas que sejam. Lembrar-se do passado não é o suficiente. Precisamos integrar suas lições à nossa vida atual para que no futuro seja diferente. Isso significa aprender mais sobre nossa parte nas relações fracassadas e identificar alternativas que não pudemos perceber na época, seja por termos sentido medo ou por estarmos confusos. Saberemos que estamos progredindo quando não mais sentirmos a necessidade de recontar as mesmas velhas histórias, e nos percebermos tomando atitudes novas e mais eficazes em nossos relacionamentos. Com suavidade e respeito, podemos diminuir o ritmo de nossas vidas, permitindo que os antigos sentimentos venham à tona e, nesse processo, encontrar a força e a sabedoria que precisamos para fazer escolhas que melhorem nossas vidas.

65

Para prosperar, o amor requer tanto momentos de separação quanto de união

LINDA: Quando era menina, às vezes brincávamos de corrida de três pernas. Eu fazia uma dupla com outra menina, um adulto amarrava uma das minhas pernas à dela com um lenço, e nós corríamos contra outra dupla. Não conseguíamos nos mover muito rápido, mas ríamos muito. A dupla que cruzasse a linha de chegada primeiro ganhava o prêmio. Eu adorava essa brincadeira, apesar de quase nunca ganhar.

Muitos casais aplicam esse modelo ao casamento: tentam fazer tudo juntos e quase não têm atividades que não sejam em dupla. Esse tipo de união extrema não é sinal de amor, mas de uma dependência mútua, que gera ressentimentos ocultos. Embora esse acordo pareça bom no início do casamento, é só uma questão de tempo até que ele pare de funcionar. O que inicialmente dava uma sensação de segurança, conforto e proximidade, passa a ser percebido como controle, sufocamento e prisão. A separação é tão essencial a uma relação quanto estar juntos. Quando qualquer um desses aspectos falta, a relação fica desequilibrada, instável. Para que o casamento prospere, cada um precisa estar seguro em sua própria vida e, ao mesmo tempo, conectado ao parceiro.

Quando estamos sós, podemos sentir nossa individualidade, expressar nossos gostos e fazer as coisas em nosso ritmo. Além disso, enquanto temos essas experiências, nosso parceiro tem a oportunidade de sentir nossa falta, e ficamos felizes quando nos reencontramos. Em vez de dois pedaços tentando se unir para criar um inteiro, aprendemos a manter nossa autonomia e a sermos inteiros, como dois seres humanos distintos.

66

Todos temos um diagnóstico terminal

Mollie e Shepherd se conheceram quando ambos tinham 15 anos. Apaixonaram-se e namoraram até terminarem a escola. Quando se formaram, Shepherd resolveu que queria experimentar estar com outra mulher, e eles terminaram. Após dois meses de separação, os dois estavam infelizes e decidiram voltar a namorar. Casaram-se, e tudo correu bem nos primeiros anos. Raramente brigavam e, quando isso ocorria, logo resolviam a questão. Em geral eram honestos, respeitosos e bondosos um com o outro. Tinham vários interesses em comum e expressavam seu afeto com frequência e abertamente. Era quase bom demais para ser verdade.

Quando lhe perguntavam o segredo do seu sucesso, Mollie explicava que ela desenvolvera uma doença nos rins quando era criança. Ela fora uma das primeiras pessoas a experimentar o transplante e tinha que tomar remédio todos os dias para assegurar que seu corpo não rejeitasse o órgão recebido, mas não havia como prever quanto tempo ela sobreviveria. Mollie e Shepherd viviam sempre com o fantasma da morte, e essa consciência surtia um impacto profundo em todas as suas escolhas, grandes ou pequenas. Eles conseguiam não dar importância às pequenas preocupações porque haviam realmente aprendido a não se importar com questões menores.

Mollie e Shepherd sabiam algo que a maioria tende a esquecer: nosso tempo juntos é limitado e não sabemos quando terminará. Nesse sentido, todos temos um diagnóstico terminal. Ter consciência de que a morte é inevitável e de que um dia nosso amado companheiro pode sair de nossa vida, confere outra perspectiva aos acontecimentos do dia a dia. Embora a maioria prefira não pensar em assuntos tão "deprimentes", levar essa compreensão à consciência na realidade nos desperta sentimentos de gratidão, apreciação e urgência. Embora não precisemos correr na vida, tampouco precisamos perder tempo. Ao negar a inevitabilidade da morte, a nossa e a de nosso companheiro, reforçamos a ilusão de que temos todo o tempo do mundo e vivemos com a falsa tranquilidade de que podemos deixar para outro dia a resolução de coisas realmente importantes. Pouquíssimas pessoas chegam ao fim da vida sentindo que gastaram tempo demais amando. Muitos lamentam, porém, terem postergado, ou nunca terem expressado, seu amor e sua gratidão.

Quando encontramos a coragem de aceitar a verdade da nossa existência, que é limitada e temporária, fica impossível viver em um estado de negação e adiamento. Embora muitas pessoas sentissem pena de Mollie e Shepherd porque a doença não permitia que levassem uma vida "normal", eles se sentiam abençoados, não só pelo amor que compartilhavam, mas porque o destino fizera com que fosse impossível esquecer a verdade mais importante de suas vidas: que não temos nem um momento a perder para demonstrar nosso amor. Por isso, cada um deles sentia uma profunda gratidão.

67

Não guarde sua gratidão para si mesmo

Com que frequência sua gratidão se dissipa antes de você expressá-la ao seu companheiro? Nesse caso, a frase "Se você ignorar, logo passa" infelizmente é verdadeira. Quando não expressamos nosso sentimento, ele logo se dissipa e perdemos a oportunidade de aprofundar o relacionamento. Uma das formas mais fáceis e poderosas de fortalecer a ligação é dar voz aos sentimentos de apreciação e gratidão. Qualquer tipo de reconhecimento, não importa o quão insignificante possa parecer, é capaz de aprofundar o vínculo de cuidado mútuo além da nossa concepção.

Considere por um instante todas as ocasiões em que se lembra de algo em seu parceiro que realmente aprecia, mas não expressa. Talvez ele tenha preparado uma refeição deliciosa ou ouvido suas preocupações e frustrações relativas a um problema no trabalho. Talvez você tenha observado com admiração enquanto ele pacientemente ajudava seu filho a fazer o dever de casa, percebido o cuidado especial que ele tem com as plantas ou animais de estimação ou ficado comovido com sua boa vontade em se levantar no meio da noite para atender ao bebê. Talvez ele tenha lhe levado uma xícara de chá, feito uma massagem nos seus ombros ao final de um dia de trabalho exaustivo, ou deixado você escolher o filme a que iam assistir. Atitudes simples, como fazer companhia ao parceiro enquanto ele lava a louça, lembram-no de que é amado. Nenhum dia deve se passar sem que exteriorizemos nossa gratidão por algo. Cada reconhecimento é um presente para nós mesmos e para o parceiro, já que a boa vontade que geramos volta para nós várias vezes.

68

Saber brigar pelo que vale a pena é bom para seu parceiro e para você

LINDA: Um dia, no início da década de 1970, minhas amigas e eu estávamos sentadas, reclamando amargamente de um dos nossos assuntos favoritos: o egoísmo dos homens. "Com todos os privilégios masculinos com que foram criados, eles esperam que tudo seja de acordo com a vontade deles. Abaixo o patriarcado! Os homens são tão crianças, tão centrados em si mesmos, tão imaturos, tão egoístas!" Concordávamos que os homens eram o problema essencial, e que algo deveria ser feito em relação a eles. Poucos dias depois, entrei no banheiro e encontrei a tábua do vaso para cima. Fiquei tentada a expressar minha indignação sobre mais um exemplo do egoísmo masculino, mas, em um momento de sabedoria decidi ficar de boca calada. Pensei comigo mesma: "Há coisas pelas quais vale a pena brigar, mas esta não é uma delas."

Vários anos antes, Charlie e eu concordamos que sairíamos juntos ao menos uma vez por semana. Logo após termos feito esse acordo, ele várias vezes cancelou ou chegou atrasado, diminuindo nosso tempo juntos. Eu sabia que isso era algo para o que eu não estava disposta a fechar os olhos, diferente da questão da tábua do vaso. Sem ameaçá-lo e sem gritar, me posicionei de forma clara, dizendo a Charlie que esse acordo era muito importante para mim e que eu apreciava cada minuto que tínhamos para estar juntos. Nosso encontro semanal ficou instituído como parte da nossa vida. Essas poucas horas tornaram-se o ponto alto da minha semana, enriquecendo e satisfazendo a nós dois, e Charlie já me agradeceu várias vezes por ter tido firmeza na minha posição sobre essa questão. Hoje em dia, é raro perdermos um encontro. Quando isso ocorre, geralmente sou eu quem cancela, mas sempre marcamos outra data. Algumas questões são mais importantes do que outras e é para essas que poupo minha energia.

69

Você não tem que saber amar para se casar; você aprende treinando

CHARLIE: Eu tinha 25 anos quando Linda e eu nos casamos, era muito jovem. Foi bom eu não ter noção do que me esperava, pois se tivesse eu teria sumido em vez de aparecer na cerimônia. Não que eu fosse mais maduro do que meus amigos, em sua maioria solteiros; eu só não era muito atento para perceber os verdadeiros desafios e responsabilidades inerentes ao casamento.

Após dois anos de casado, eu era pai, único provedor financeiro da família, trabalhava e estudava em tempo integral. Consumido pelas dúvidas acerca de minha capacidade em lidar com tamanhos desafios, me sentia subjugado. Quando mais jovem, prometi a mim mesmo que, quando fosse adulto, seria um ótimo marido e um pai melhor ainda. Ia dar à minha família tudo o que não tive enquanto crescia: um lar confortável, divertido, seguro e cheio de amor. Como pai e marido, me vi caindo nos mesmos padrões de isolamento, raiva, irritabilidade e excesso de trabalho que observara em meu pai e jurara nunca repetir. Fiquei frustrado e com raiva de mim mesmo por fracassar no cumprimento do compromisso mais importante da minha vida. Arrumei minhas malas em mais de uma ocasião, convencido de que o casamento não era para mim, mas, por algum motivo, nunca fui embora. Enquanto aguentava aquilo tudo, desenvolvi a força, a paciência, o amor e o comprometimento que o casamento requer. Mas eu simplesmente não entendia. O entendimento se deu com o tempo e foi um processo lento, gradual e muitas vezes frustrante. O que não conseguia enxergar aos 25 anos é que era normal eu ainda estar "verde", e que se me esforçasse e fizesse a minha parte, a experiência em si me faria crescer. E assim foi.

É igualmente possível errar por esperar demais para se comprometer em um relacionamento quanto por mergulhar nele cedo demais. O que muitas vezes é visto como fobia de compromisso pode ser, na realidade, mais uma questão de querer esperar até termos maturidade e força suficientes para nos tornarmos o tipo de companheiro que queremos ser. No entanto, essa abordagem é algo semelhante à ideia de tentar aprender a andar de bicicleta antes de montar nela. A técnica só é desenvolvida na prática: infelizmente, isso significa que não poderemos evitar os tombos nos primeiros estágios do processo de aprendizado, e aqueles que não estão dispostos a cair não aprendem a andar.

Não há quantidade suficiente de preparação, workshops, terapia, livros ou fitas de autoajuda que possa prevenir os danos necessários para o desenvolvimento da capacidade de amar. Não nos tornamos um companheiro amoroso antes do casamento, mas levamos nosso ser inacabado e imaturo para o relacionamento e terminamos o trabalho *in loco.* Se você esperar até estar pronto, nunca estará.

70

A privacidade não fará mal ao seu casamento, mas os segredos, sim

Flo tinha seu próprio negócio, mas não conseguia obter um financiamento devido a dívidas contraídas no casamento anterior. Ocasionalmente, seu marido, Monte, permitia que ela usasse o cartão de crédito dele, mas quando seu negócio sofreu uma crise, ela utilizou-o várias vezes sem que ele soubesse e criou uma dívida enorme. Flo esperava que o empreendimento começasse a render lucros em breve, para pagar a conta sem que Monte descobrisse nada. Todos os meses ela interceptava os avisos da firma do cartão de crédito sem que ele visse, mas as coisas não ocorreram conforme planejado e, após quatro meses, ele recebeu um telefonema do banco sobre sua conta. Quando soube da notícia, ele ficou irado. Em alguns incidentes no passado, Flo lhe ocultara informações relativas a dinheiro. Dessa vez, porém, foi a gota d'água. "Você mentiu para mim de novo", gritou Monte quando descobriu. "Simplesmente não posso confiar em você!" Monte não estava interessado nas tentativas da esposa de justificar seus atos, ele já havia se decidido. Eles nunca mais conseguiram reconstruir a confiança perdida.

O problema não era Flo deixar de revelar os detalhes do seu negócio para Monte. Ela nunca tinha feito isso, e ele não esperava que o fizesse. Ela tivera épocas difíceis em seu negócio antes, e ele nunca precisou nem quis ouvir todos os detalhes dos desafios profissionais dela. O negócio era dela, e os pormenores da sua situação de trabalho eram particulares. O que ocorreu de diferente dessa vez foi que ela deliberadamente bloqueou informações para se proteger. Suas ações foram motivadas pelo desejo de esconder a verdade de Monte.

Segredos são informações que retemos deliberadamente, de forma a levar os outros a acreditarem em algo que não é verdade. Embora possamos dizer que estamos fazendo isso pelo bem dos outros, geralmente queremos nos proteger das reações deles. Esconder a verdade, independente da motivação, é como destruir aos poucos a confiança que mantém a união da relação.

O desejo de privacidade é diferente de manter segredos, pois vem da intenção de estabelecer limites entre o nosso espaço individual e o compartilhado. A privacidade é necessária para promover o tipo de separação determinada para desenvolver nosso senso de individualidade. Usada com esse propósito, a privacidade pode nos incentivar a levar mais de nós mesmos para todos os relacionamentos, porque nos ajuda a fortalecer quem realmente somos. A privacidade expande, os segredos contraem. Existe uma confiança muito profunda quando sabemos que nada de relevante ou importante será ocultado em uma relação, e essa confiança constitui a base dos grandes casamentos.

71
Possessividade e ciúme são frutos do medo, não do amor

LINDA: No início do nosso casamento, me consumia com sentimentos de ciúme e posse. Eu tinha acessos recorrentes de insegurança e vivia com medo de perder Charlie para outra pessoa. Esse medo me levava a tentar controlá-lo, mas meus esforços faziam com que ele se afastasse cada vez mais, me deixando num ciclo vicioso. Quanto mais eu tentava fazer com que ele me deixasse segura, mais ele se retraía. Eu tinha ciúme dos seus amigos e me sentia ameaçada por seus contatos de trabalho. Sentia-me competindo com os livros, aos quais ele dedicava tanto tempo, com seu violão e até mesmo com sua motocicleta, pois os via como coisas que o tiravam de mim. Seu foco estava em sua própria vida, enquanto o meu era em nossa vida conjunta. Quanto mais eu tentava ser "nós", mais "eu" ele parecia se tornar.

Por fim, percebi que eu precisava fazer alguma coisa em relação ao meu ciúme ou perderia minha sanidade e meu casamento. Sabia que era possessiva devido às mesmas inseguranças que me afligiam desde a infância. Minhas tentativas de obter segurança através de Charlie não ajudavam; nem quando ele compelia eu me sentia satisfeita, porque não era de forma espontânea. As raízes do meu ciúme eram o medo: medo de perda, medo de solidão, medo de ser inútil, medo de não ser amada, medo de desamparo, medo de não ser boa o suficiente... a lista era grande.

Embora tenha sido muito desconfortável ter consciência de tudo isso, havia algo de libertador em finalmente enxergar minha parte. Vi que não podia controlar Charlie, mas podia controlar minha maneira de reagir ao medo e à insegurança. Aprendi a ter compaixão e paciência comigo mesma e a me dar a atenção que estava tentando obter dele. Lembrava a mim mesma de que já superara algumas dificuldades e perdas antes, que eu era uma sobrevivente e que poderia sê-lo de novo, caso necessário. Aos poucos, me tornei uma mulher mais autoconfiante e encontrei em mim a força que estava procurando em Charlie. Conforme parei de tentar extrair à força, ele começou a me dar mais atenção.

Ainda tenho ataques de ciúme, mas com menor frequência e de pouca duração. Na maioria das vezes lido com eles sozinha, sem ter que falar nada com Charlie. Ele geralmente nem os percebe. Já não reajo abertamente ao medo, fazendo exigências e pedindo atenção. Às vezes, parece um milagre, mas sei que foram meu esforço, paciência e persistência os verdadeiros fatores da minha transformação e do meu crescimento.

72

Encarar seus medos aumenta sua força, evitá-los a diminui

Quanto mais evitamos os desafios, mais medrosos ficamos. O problema nisso é que as questões subjacentes nunca são resolvidas. O medo só aumenta quando é alimentado. Sempre que encontramos uma situação difícil, há a possibilidade de aprofundar nosso medo evitando-a, ou de diminuí-lo encarando o que o motiva, e os resultados das nossas atitudes podem ser menos importantes do que o fato de enfrentarmos ou não a situação. O maior fracasso é o fracasso em encarar a verdade.

Rita e Mimi eram um casal que vivia evitando tudo, nenhuma delas aguentava falar de questões perturbadoras. Rita cresceu em uma família caótica, onde os conflitos quase sempre levavam à violência física ou emocional, da qual, na maioria das vezes, era ela vítima. Ela aprendeu a se defender ficando de boca calada e concordando com o que achava que esperavam dela; já Mimi cresceu em uma família onde todos falavam baixinho. Um dia Mimi disse: "Minha família era tão silenciosa que até um necrotério pareceria uma balbúrdia se comparado a ela." Além de nunca ter visto os pais brigando, jamais presenciara sequer um desentendimento. Se discutiam, deviam fazê-lo em particular, e ela cresceu acreditando que discussões eram erradas e assustadoras. Concluiu que deviam ser perigosas, já que seus pais faziam de tudo para não brigar, até mesmo beber copiosamente e viver deprimidos.

Contudo, não era o passado que estava destruindo o relacionamento de Mimi e Rita, mas a realidade presente da conspiração compartilhada de evitar a expressão de seus sentimentos. De tempos em tempos, Rita e Mimi sentiam as mágoas, decepções, frustrações e aflições normais de todos os casais, o problema era que nenhuma das duas reconhecia seus sentimentos. Quanto mais se calavam, mais medo sentiam, e isso só criava mais mágoas. Com o decorrer do tempo, o relacionamento das duas virou um mar de ressentimentos. Quando finalmente sentiram que não tinham nada a perder, buscaram aconselhamento matrimonial, querendo descobrir se ainda havia alguma coisa a ser salva.

Juntas, começaram a trabalhar na tortuosa tarefa de dissolver os padrões de negação e anulação presentes em suas famílias havia gerações. Elas lutaram contra seus medos de conflito, assim como contra os medos de seus pais, avós e outros que haviam passado esse padrão para seus descendentes. Não fosse o desejo de ambas de não passar esse padrão para sua única filha, elas provavelmente não teriam tido motivação para aceitar esse grande desafio. O amor que sentiam pela menina incitou-as a encontrar coragem para falar abertamente uma com a outra. Inicialmente, suas conversas tinham um alto nível de ansiedade. Tanto Mimi quanto Rita tinham certeza de que violar as regras veladas de suas famílias resultaria em sofrimento insuportável e punição, mas, gradualmente, viram o oposto ocorrer. A cada encontro, ambas ficavam menos temerosas e mais corajosas.

Coragem não é ausência de medo; é a disposição para agir frente ao medo por causa de um compromisso mais profundo: Rita e Mimi tinham esse compromisso. Embora ele tenha nascido do amor que tinham pela filha, com o tempo enraizou-se no amor que sentiam por si e uma pela outra. A disposição de encarar seus medos libertou-as do domínio paralisante do passado.

73

Ser autêntico é contagiante e vicia

Ashley e Dylan haviam se apaixonado recentemente. Um dia, fazendo uma caminhada nas montanhas, chegaram a uma cachoeira e a um lago de neve derretida. "Vamos nadar!", sugeriu Dylan impulsivamente. "Tá maluco?", pensou Ashley. Mas ela queria tanto impressioná-lo com seu lado aventureiro que tirou toda a roupa e mergulhou de cabeça na água. O frio do gelo entrou como uma faca em seu corpo, mas ela encobriu a dor com um sorriso e ficou boiando um pouco para dar a impressão de que estava gostando da experiência. Na realidade, seus membros estavam ficando dormentes devido aos primeiros estágios de hipotermia. Dylan ficou olhando impressionado. Ele começou a tirar a roupa e colocou a ponta do pé na água. "Está fria demais para mim. Não vou entrar, não", disse ele. Ashley ficou chocada. Saiu da água rapidamente, sentindo raiva dele e ao mesmo tempo apreciando-o por estar disposto a ser verdadeiro. A honestidade de Dylan ressaltou seu desejo escuso de agradá-lo, e ela sentiu-se tola e envergonhada de seu falso heroísmo.

Ashley aprendeu uma lição importante naquele dia. Conscientizou-se de que em muitas ocasiões havia escolhido dissimular quem realmente era. Após essa experiência marcante, ela passou a escolher de modo diferente. Percebeu que, em muitas ocasiões, tendia a não ser autêntica, e através de sua auto-observação viu que estava abrindo mão de si mesma para ser aceita pelos outros. Sua diretriz então passou a ser:

"Seja você mesma. Não finja ser diferente do que é." Aquela experiência única ensinou-lhe que estar segura de si permite que você seja quem você realmente é, sem ter que provar nada. Ser autêntica costuma inspirar os outros a também serem verdadeiros.

74
Não diga nada *sobre* seu parceiro que você não esteja disposto a dizer diretamente *para* ele

Jenna sentia que estava fazendo a maior parte do trabalho da casa, e que Clayton tinha a expectativa de ser mimado. Ela estava com raiva por ele passar tanto tempo com os amigos, jogando bola, assistindo a jogos ou simplesmente batendo papo, e sentia que Clayton não tomava decisões com ela, que geralmente decidia as coisas sozinho. Mas ela temia falar sobre essas questões diretamente com ele, então ficava horas reclamando do marido para as amigas. Estas a apoiavam e contavam histórias que reafirmavam a crença comum de que todas eram vítimas de companheiros egoístas, imaturos e insensíveis. "Eles querem tudo do jeito deles. Os homens são tão egoístas. Eles têm egos enormes, só pensam em si. Parecem menininhos, nem se tocam." Esse tipo de comentário era banal em suas conversas privadas. Em nenhum momento, uma das amigas ofereceu seu apoio de forma responsável, dizendo algo como: "Acho que você devia falar sobre isso com Clayton e esclarecer tudo." O dito apoio mantinha seu casamento emperrado.

A cunhada de Jenna participou de uma dessas reuniões de reclamações. Preocupada com Clayton e Jenna, contou ao marido sobre os comentários da outra em relação a Clayton. O irmão dele entrou em contato e repetiu o que ouvira. "Sua esposa está dizendo que você é um safado egoísta que não liga para ela. Isso é verdade? Você é assim? O que está acontecendo? Vocês estão tendo problemas?" Assim que se recuperou do choque, Clayton disse: "Eu achava que estava tudo bem. Estou me esforçando para ser um bom marido. Acho melhor ver se tem algo acontecendo sem que eu saiba."

Foi confrontar a esposa imediatamente. Ele estava mais surpreso e magoado do que com raiva. "O que é isso que acabo de ouvir? Você anda falando mal de mim para suas amigas? Dizendo que sou péssimo marido? É isso que você pensa de mim? Você acha que sou uma porcaria de marido egoísta?" Quando ele a confrontou, ela percebeu o quanto ele estava magoado e não negou as acusações. Ela se sentiu covarde por ter espalhado seus julgamentos exagerados sobre ele, mas não ficou na defensiva. Em um instante, Jenna percebeu que seguira o mesmo padrão que observara em sua família enquanto crescia. Sua mãe, por várias vezes, disse a ela e a quem mais estivesse ouvindo que o marido era uma grande decepção. Jenna se lembrou de como se sentia mal ouvindo a mãe menosprezando o pai e de como desejara, desesperadamente, que os dois conversassem para resolver seus problemas, sem compartilhá-los com ela. Na época, não passava de uma garotinha e não podia resolver os problemas dos adultos.

Ela contou a verdade para Clayton. "Estou me sentindo muito mal. Sinto muito por ter falado pelas suas costas. Não tenho sido justa e espero que um dia você me desculpe. Vou quebrar esse antigo padrão, você vai ver." E, mantendo sua palavra, sempre que se via tentada a comentar com as amigas algo ruim sobre ele, deixava para falar diretamente com ele, na primeira oportunidade. Ela criou coragem para expor abertamente como se sentia explorada, estando encarregada de todo o trabalho da casa, e que eles tinham que chegar a um acordo sobre fazer compras, cozinhar, lavar a louça, passar o aspirador de pó e lavar a roupa. Ela falou honestamente sobre sua necessidade de sentir que era tão importante para ele quanto seus amigos. Quando fazia contato com o próprio medo e resistência, percebia sua tendência a voltar ao hábito de reclamar, mas não estava disposta a repetir o passado e se acomodar em um casamento desastroso, como o vivido por seus pais.

Foram necessárias várias conversas para estabelecer novos hábitos, e a maior parte dos dilemas complicados foi resolvida. Embora algumas das discussões fossem difíceis, ao menos Jenna parou de se sentir dissimulada. Com o passar do tempo, já não havia tabus e conversavam sobre tudo. Hoje em dia, nenhum dos dois aguenta conter sentimentos fortes em relação ao outro, sejam bons ou maus, nem mesmo por pouco tempo, e sempre falam diretamente um com o outro quando há algum problema.

Quando Jenna parou de se lamentar com as amigas, elas também passaram a reclamar menos. Talvez elas também tenham entendido a lição.

75

Sua maior fraqueza pode se transformar em sua maior força

LINDA: Por muitos anos, uma das minhas maiores fraquezas era a tendência de sempre me ver como vítima. Um pouco antes de o meu filho mais novo entrar para a escola, eu queria muito fazer algo importante profissionalmente. Eu havia colocado minha carreira em espera por vários anos e sentia-me como um cavalo de corrida, esperando que o portão se abrisse, louca para ser liberada. Ao mesmo tempo, porém, tinha medo de dar início a essa grande mudança. A tensão interna que sentia se expressava externamente em conflitos com Charlie. Sentindo-me como mártir, que sofria há muito tempo, eu o acusava de estar me impedindo de levar o tipo de vida que eu almejava. Ele estava totalmente envolvido com sua carreira, e eu sentia que as crianças precisavam da presença de pelo menos um dos pais. Minha reclamação era razoável, mas eu exagerei, criando um estado de profunda amargura, achando que não estava recebendo o tipo de apoio de que precisava para dar o próximo passo. Quando pude me afastar da situação e olhá-la com mais honestidade, vi o medo que sentia de ir adiante. Eu não tinha certeza se seria capaz de ter sucesso profissional, tinha medo de as crianças sofrerem com minha ausência e me preocupava por não sobrar espaço para mim e Charlie. Com o tempo, essas perspectivas mudaram e percebi que meu marido não era meu inimigo: meus verdadeiros inimigos eram as dúvidas, a confusão e os medos internos que eu ainda não havia resolvido.

Tive que aprender essa mesma lição várias vezes. Quando me sinto tentada a apontar o dedo culpando alguém, lembro a mim mesma que esse padrão de pensamento e comportamento já me causou dor, e me lembro da minha motivação para fortalecer esse ponto fraco. Ainda ouço a voz interna dizendo coisas do tipo "Ele é o problema", mas já não permito que essas palavras saiam da minha boca. Sei que sempre preciso descobrir o que está realmente acontecendo dentro de mim e, quando descubro, geralmente percebo que estou evitando alguma responsabilidade pessoal e pergunto a mim mesma como posso cumpri-la, em vez de continuar a projetar culpa nos outros. Deixar de me sentir como vítima contribuiu para o desenvolvimento de uma força interior que afeta todos os aspectos da minha vida. A pequena gratificação de culpar os outros é minúscula em comparação com a sensação de autovalorização e respeito provenientes do meu amadurecimento.

76

De todos os benefícios do casamento, o maior deles é a possibilidade de usar o relacionamento para se tornar uma pessoa mais amorosa

Jack Kornfield escreveu: "No final da vida, nossas perguntas são muito simples: Vivi plenamente? Amei bem?"* O casamento é um campo de treinamento perfeito para o coração. Abençoados por aprendermos a amar verdadeiramente alguém, nos tornamos mais capazes de expressar e receber amor de todas as pessoas, de toda a vida, de todo o universo, de *tudo que existe.*

Quando percebemos as maravilhas que o casamento oferece, podemos permitir que ele nos faça crescer e viver total e profundamente. Quanto mais abrimos nossos corações e mentes e experimentamos ligações profundas com outro ser, mais fácil se torna resistir às tentações passageiras e distrativas. Os desejos de estar certo, de causar boa impressão, de acumular coisas, de estar no controle, de receber elogios, reconhecimento e de segurança externa perdem seu poder sobre nós e somem com o tempo. Na realidade, não precisamos de muita disciplina para quebrar nossos padrões compulsivos, mas de nos concentrar na criação de algo que é muito mais atraente: uma vida amorosa, de coração aberto.

Quando começamos a viver assim, o desejo de competir perde a graça. Por exemplo, quando brigamos por poder com

*RYAN, M. J. (Org.), *A Grateful Heart*. Berkeley: Conari Press, p. 123, 1994.

nosso parceiro e "ganhamos", sentimos o vazio da vitória e passamos a despender menos energia nisso. Quando duas pessoas compartilham o compromisso de fazer de seu casamento um veículo para a transformação interna, eles descartam seus velhos hábitos naturalmente, assim como uma cobra se descarta da pele velha e ressecada. Então, recebemos o melhor presente do casamento: a oportunidade de aumentar nossa capacidade de experimentar alegria, gratidão e plenitude e de nos tornarmos um ser humano apto a amar profundamente.

77

Se seu parceiro acha que algo é importante, então é!

CHARLIE: "Você está criando uma tempestade num copo d'água!" é uma frase que causa sérios danos a inúmeros relacionamentos, inclusive o nosso. Essa costumava ser minha resposta padrão a qualquer preocupação de Linda que eu não levasse tão a sério. Embora insistisse que só estava tentando ajudá-la a enxergar a situação por um novo ângulo, isso não parecia apaziguá-la. Talvez porque a mensagem implícita nessa frase seja: "Sei mais do que você sobre o que é realmente importante e, se não acredita, posso lhe explicar por que você está errada." Minha insistência em dizer que só estava tentando ajudar e que ela era ingrata só piorava as coisas. Inevitavelmente, ambos acabávamos nos sentindo mal compreendidos e desconsiderados. Esse padrão durou vários anos e era fonte de enorme frustração. Em vez de se sentir apoiada por mim, Linda muitas vezes sentia-se criticada e julgada por minhas palavras.

A verdade era que eu estava frustrado comigo mesmo. Eu não gostava de ver Linda chateada ou magoada e sentia-me inadequado e incapaz quando achava que não podia fazer nada para ela se sentir melhor. Tentar fazer com que ela não desse importância aos seus sentimentos era minha maneira de evitar o que estava acontecendo dentro de mim. Minha verdadeira intenção tinha pouco a ver com ajudar Linda; na realidade, eu estava tentando me sentir menos desconfortável. Apesar de eu insistir no contrário, Linda percebia minha verdadeira motivação, e era a isso que ela reagia.

Quando finalmente conseguimos chegar ao âmago do que estava acontecendo com cada um de nós, pudemos quebrar esse padrão, e só então comecei a ouvi-la com profundidade. Era só isso que ela queria de mim: apenas que eu a escutasse, sem tentar mudar o que ela estava sentindo.

Agora sei que, se eu não perceber por que algo é tão importante para Linda, o problema não é dela, ela só precisa que eu a escute, não que resolva as coisas. Quando acredito que é minha função assegurar a constante felicidade de Linda, é menos provável que eu escute seus problemas e reclamações. Lembrar-me de que a felicidade dela não é responsabilidade minha facilita muito escutar suas preocupações, e é um alívio saber que, mesmo sem poder mudar a situação que a incomoda, sempre poderei lhe dar o que ela mais precisa no momento: minha atenção total e amorosa.

78

Os casamentos não dispensam o romance

Um dos maiores riscos do casamento é a tendência de a vida diária se tornar maçante, tomando o lugar do propósito mais profundo do relacionamento. Não há como negar a necessidade de gerenciar as responsabilidades financeiras de uma família, o desafio é manter essas questões em seu lugar, de forma que não pesem tanto a ponto de abafar a voz que reflete nossas necessidades e anseios mais profundos. Uma das maneiras de manter o tipo de perspectiva que nutre nosso coração e nosso lar, é manter o romance vivo.

Romance é mais do que luz de velas e flores, é a atenção e o sentimento que dedicamos ao outro, afirmando nosso amor e gratidão. É a criação de um ambiente que nutre e apoia os desejos mais profundos do nosso coração. Como o Sabá, que deve ser observado como repouso das obrigações diárias e uma forma de reabastecimento espiritual, o romance é uma maneira de honrar o espaço sagrado do amor mútuo. O romance é um estado de espírito em que focalizamos nossa atenção amorosa um no outro, interrompendo as rotinas diárias que em geral ameaçam abafar a chama da paixão.

É muito fácil cair no papel de colega de quarto, amigo, parceiro de trabalho e de pais. Nós nos esquecemos de ser amantes, ou então o relegamos a uma prioridade tão baixa que todas as outras coisas têm precedência. Paramos de sair juntos e falhamos em nutrir a ligação doce que antes nos consumia em deleite e paixão. Não nos desapaixonamos, apenas permitimos que nosso amor atrofie por não cuidarmos dele adequadamente.

Esquecemos que nosso amor, como todos os organismos vivos, requer nutrição e manutenção permanentes. Manter o romance vivo, nas diferentes formas que escolhermos, é o antídoto ao mal-estar que aflige um grande número de casamentos.

Tão importante quanto o romance em si é a nossa motivação. Se agirmos por dever, ele se torna mais uma obrigação a ser cumprida, e qualquer atitude tomada por obrigação tende a gerar mais ressentimento do que satisfação. As sementes do romance podem ser nutridas nesses momentos em que sentimos amor ou gratidão por nosso parceiro, podemos converter esses sentimentos, criando maneiras de honrar, surpreender e dar prazer à pessoa que amamos. O romance pode ser tanto uma expressão espontânea de afeto, como pode envolver planos que requerem grande preparação.

Algumas pessoas acham que planejar ou agendar momentos de encontros acaba com a sensação excitante do romance. Descobrimos que é possível agendar encontros amorosos regularmente, sem perder a espontaneidade, a surpresa e o prazer. Na realidade, a estrutura costuma melhorar a experiência. Sair juntos para lugares diferentes pode ser uma ótima maneira de reacender o romance, mas nem sempre é necessária uma mudança de cenário. Podemos reorganizar a casa de forma que dê a sensação de um ambiente novo e diferente, luz de velas, flores, presentes e pequenas surpresas podem contribuir para criar uma experiência mágica e encantadora. Uma das nossas maneiras favoritas de passar a noite é gratuita: nos revezamos servindo um ao outro, tomamos banho juntos e lavamos o cabelo um do outro, escutamos nossas músicas favoritas e alimentamos o outro bem devagar. Sentamos bem pertinho e fazemos contato físico frequente. Olhamos nos olhos um do outro e nos chamamos por apelidos. Após o jantar, às vezes dançamos juntos. Massagem também costuma fazer parte do nosso romance, temos uma mesa especial e usamos óleos aromáticos.

A maneira de falarmos e os assuntos que abordamos são de extrema importância. Nossas conversas são sempre sinceras, íntimas e cheias de sentimentos verdadeiros. Conversar sobre trabalho, dinheiro e responsabilidade está fora de questão, o foco é aquilo que gostamos no outro. Todas essas trocas emocionais são o prato principal: sexo costuma ser a sobremesa, mas não é obrigatório.

Há uma infinidade de meios variados que podemos usar para trazer mais romance e alegria à relação, e inventá-los juntos faz parte da diversão. Se no início essa prática lhe parecer estranha ou desconfortável, tente assim mesmo. Com o tempo, vai ficar mais fácil e natural. Você vai acabar se perguntando como pôde ser tão negligente antes, e levar mais romance ao seu casamento se tornará uma das experiências mais prazerosas e fáceis de sua vida. Desfrute!

79

O brilho de uma nova relação é sempre temporário

Josh e Ginger eram casados havia onze anos e tinham dois filhos, com 7 e 9 anos. Josh normalmente desempenhava o papel de mártir e vivia mergulhado em ressentimento. Ele se sentia obrigado a assumir as responsabilidades pesadas e negava a si mesmo o que antes lhe trazia prazer. Internamente, ele culpava Ginger por sua infelicidade, e ela sentia sua frieza e sua rejeição.

Ginger também estava presa às suas responsabilidades de mãe e dona de casa, e ainda trabalhava fora em meio expediente. Ela não nutria o mesmo sentimento forte de sacrifício que Josh, porque continuara a satisfazer a maior parte de suas necessidades, mesmo depois de casada. Havia um profundo sentimento de mal-estar na relação deles, embora nenhum dos dois estivesse disposto a reconhecê-lo abertamente. Parecia mais fácil continuar como estavam. Um dia, ocorreu o inevitável: Josh conheceu Robyn, uma mulher jovem, bonita e solteira, que não tinha as marcas das responsabilidades adultas. A atração era grande. Eles iniciaram um relacionamento secreto, que durou quase um ano, até Josh finalmente dizer a Ginger que queria se separar.

Ginger ficou enfurecida e arrasada. Apesar dos seus sentimentos, não quis abrir mão do casamento sem lutar. Tentou conversar, mas ele estava decidido. Ele queria ir embora, pela primeira vez em anos sentia-se feliz com sua vida e não apenas uma carteira. Ele não podia arriscar a perda dessa pessoa que havia trazido alegria novamente à sua vida. Ele não iria sacrificar sua felicidade por um casamento estagnado e insatisfatório.

Quando ficou claro para Ginger que Josh estava fechado à ideia de manter o casamento, ela ficou profundamente triste. Com esforço e a ajuda de um bom conselheiro, ela conseguiu aceitar a perda e começar a estabelecer uma vida nova. O divórcio foi oficializado dez meses mais tarde. Pouco tempo depois, Josh e Robyn começaram a ter dificuldades que quebraram sua relação idílica: morar juntos era muito mais difícil do que manter uma relação secreta. Algumas das mesmas questões e sentimentos de obrigação que Josh sentira com Ginger começaram a surgir em seu novo relacionamento.

Nesse caso, foi Robyn quem foi embora, recusando-se a reconsiderar. Aos olhos de Josh, ela deixara de ser a maravilhosa jovem que o libertara de sua vida tediosa. Na realidade, ela estava muito parecida com Ginger. Dessa vez, foi Josh quem foi rejeitado. Aconteceu muito rápido, segundo ele: "Num minuto estávamos vivendo juntos, no outro ela havia partido!"

Na realidade, nenhuma dessas pessoas havia mudado, mas, com a mudança das circunstâncias, diferentes partes de cada um deles começaram a aflorar. Josh aprendeu lições dolorosas nos dois anos seguintes à separação de Robyn. Na maior parte do tempo, não quis se envolver com nenhuma mulher. Aos poucos, foi se recuperando de suas feridas e perdoando seus erros. "Confiar em mim mesmo de novo vai levar algum tempo", disse ele.

80
Há violência no silêncio quando ele é usado como uma arma

O silêncio pode ser tão cortante quanto nossas palavras. Há vários tipos de silêncio, cada um tem uma natureza distinta, uma qualidade diferente. Ele pode ser contemplativo e pensativo, pode ser uma expressão de fadiga ou exaustão, pode ser a pausa entre interações, quando ordenamos nossos pensamentos. Pode ser um espaço vazio ou um espaço de ansiedade e aflição retidas. O que define e determina a qualidade do silêncio é a intenção que está por trás dele. Nosso silêncio pode ter a intenção de punir ou de amar, de refletir ou de guardar, de ouvir ou de criticar, de abrir ou de fechar, de desculpar ou de vingar-se. Ele pode ser para compreender, ouvir e aprender, ou pode ser para punir ou infligir dor.

Carole gostava de conectar-se e ficava mais feliz quando estava próxima ao marido, Al. Contudo, ele nem sempre se sentia da mesma forma. Ele não queria ficar juntinho tanto quanto Carole, mas tinha dificuldade em reconhecer isso e se deixava ficar com ela, mas de má vontade. Ela acabava se sentindo frustrada e ele cozinhava seu ressentimento e raiva em silêncio. O silêncio de Al era uma vingança para punir Carole, que, como dizia ele: "Está sempre pedindo demais de mim." Internamente, ele a acusava de nunca estar satisfeita, não importa o que ele fizesse.

Com raiva, Al fechava a boca e o coração. Seu silêncio raivoso era violento e magoava Carole, tal como palavras e atitudes raivosas o teriam feito. Secretamente, ele ficava contente com a frustração e com a dificuldade dela em se conectar a ele. No final, Al pagou caro por não querer lidar com seus sentimentos de forma mais honesta, as frustrações e ressentimentos acumulados acabaram custando o casamento.

A lição de Carole foi aprender que sua estratégia para conseguir intimidade não funcionava. Em vez de tentar coagir as pessoas a se abrirem para ela, aprendeu que precisava dar aos outros o que queria para si: uma comunicação responsável e respeitosa. Isso significava expressar seus sentimentos de solidão, ansiedade, frustração e tristeza, esforçando-se para entender os sentimentos dos outros, em vez de coagi-los a modificar seu comportamento. Essa não era uma tarefa fácil, mas ela sabia que, com o tempo, levaria à intimidade que estava buscando.

Ser ignorado pode ser tão traumático quanto ouvir palavras agressivas. Quando o silêncio é usado para punir ou se vingar, pode mexer com os medos mais profundos de abandono do nosso parceiro e causar-lhe enorme sofrimento. Por outro lado, podemos usar o silêncio para pausa e reflexão, de forma a responder melhor. No final, é nossa intenção que determina se nosso silêncio é benéfico ou destrutivo.

81

Há diferença entre sexo e intimidade

Há desejo sexual e desejo por intimidade, e as pessoas costumam confundir os dois. Se uma pessoa está buscando intimidade e a outra, sexo, as duas acabam se desentendendo. Se dois companheiros não têm a mesma intenção, um deles provavelmente se sentirá insatisfeito e usado.

Sempre que Chad tinha vontade de se conectar com Laura, ele se expressava sexualmente e muitas vezes acabava sentindo-se insatisfeito. Embora seus desejos físicos fossem supridos, o prazer durava pouco. Às vezes, seu desejo sexual retornava em poucas horas. Ele então ficava mais exigente, compulsivo e necessitado porque seu verdadeiro anseio não estava sendo reconhecido e atendido.

Quando esse padrão não é interrompido, pode se tornar um vício sexual. Existe um ditado: "Você nunca conseguirá receber o suficiente daquilo que não quer." Nesse caso, o que estava faltando não era sexo, era intimidade, conexão emocional profunda. Mas a conexão autêntica requer uma abertura genuína que nos permita ser verdadeiramente vistos e conhecidos. Essa possibilidade pode assustar àqueles que se sentem desconfortáveis com sua vulnerabilidade emocional.

É possível ter sexo sem estar vulnerável pois este cria proximidade física, sem necessariamente criar conexão emocional. O problema é que, quanto mais alimentamos a compulsão sexual de alguém, atendendo-o sexualmente, mais viciado e exigente ele fica. É como dar bebida a um alcoólatra: a indulgência inflama mais ainda o desejo.

Para suas amigas, Laura era vítima de um marido sexualmente insaciável. “Ele nunca fica satisfeito. Me procura de manhã e de noite. Tenho sorte se escapar um dia da semana”, reclamava ela. A tendência de Laura era ceder às exigências de Chad, sem colocar seus limites. O sexo inflamava o desejo de Chad, porque não era satisfatório. Ele queria que Laura o desejasse, mas se contentava em ter o corpo dela, que era emprestado de má vontade. Por nunca se sentir desejado por ela, seu próprio desejo nunca diminuía. Chad aceitava um sexo vazio, quando na realidade queria uma conexão profunda. Para os amigos, Laura podia parecer uma vítima, mas era ela quem estava com o poder, era quem podia escolher satisfazer ou não os desejos de Chad. Só quando cada um deles pôde identificar e comunicar seus anseios e medos mais profundos, conseguiram pôr fim a essa insatisfação.

Descobrir e expressar as necessidades profundas que estão por trás do desejo sexual nos permite combinar sexo e intimidade, de forma que satisfaça nossos corações e almas tanto quanto nossos corpos. Tal combinação é possível para todos os casais dispostos a fazer de sua conexão sua maior prioridade.

82
É melhor se concentrar no que você pode fazer para consertar uma situação do que naquilo que seu parceiro fez para estragá-la

É sempre mais fácil ver a participação do outro no problema do que a sua. Quando estamos brigando, é comum nos sentirmos vítimas do que consideramos ser a insensibilidade, o egoísmo e a carência do nosso parceiro. Às vezes, nos sentimos tão inundados com nossos sentimentos que nem conseguimos pensar direito, e pode demorar um pouco até nos acalmarmos. Quando começamos a recuperar o pensamento racional, podemos procurar perceber como contribuímos para a situação e dar início à reparação.

Janet e Marty se revezavam em cuidar do jantar. Marty adorava a ideia de cozinhar em equipe e não queria ficar na cozinha preparando o jantar sozinho, mas Janet o achava muito controlador e mandão quando ele era o cozinheiro, e ficava ressentida com suas constantes exigências. Em retaliação, acusava-o de ser péssimo administrador, incapaz de delegar-lhe uma tarefa e deixá-la cumpri-la do seu jeito. A tensão era tão alta que deliciosas refeições perdiam o sabor. Frustrada e ressentida, Janet começou a sair da cozinha nas noites em que Marty cozinhava, para evitar as disputas de poder que sempre surgiam quando ela tentava ajudar.

Janet tinha razão sobre as várias contribuições de Marty para o problema. Quando ela tentava expressar suas inquietações, ele ficava na defensiva e recusava-se a ouvir. Ela estava certa quanto a ele ser perfeccionista e, às vezes, tirano. Também tinha razão quanto a ele ser apegado à maneira como ela "devia" fazer a comida. Mas o fato de ela estar certa não ajudava muito a acabar com o impasse. Quanto mais foco Janet dava à parte dele no problema, mais defensivo ele ficava. À sua maneira, ela estava sendo tão implacável, rígida e defensiva quanto ele.

O impasse foi rompido quando ela começou a observar seu papel no conflito. Embora soubesse que Marty estava sendo exageradamente meticuloso e irracional, ela se ateve a falar apenas de si mesma, resistindo à tentação de fazê-lo assumir seu mau comportamento. Ela colocou de lado seu desejo de estar certa e disse a Marty que se sentia como uma garotinha má levando bronca do pai quando ele expressava sua desaprovação tão veementemente. Em vez de tentar fazê-lo mudar, ela apenas expressou os sentimentos que o comportamento dele despertava nela.

Sua sinceridade e vulnerabilidade o desarmaram. Marty começou a abrir seu coração e não sentiu necessidade de se defender. Em vez de raiva e frustração, começou a sentir empatia e compaixão. Suas palavras e tom de voz se suavizaram, e ele concordou em ser mais cuidadoso quanto ao seu jeito mandão na cozinha.

Uma pessoa corajosa pode quebrar o impasse criado pela culpa e pelo julgamento. Estar disposto a ser essa pessoa, em vez de tentar fazer seu parceiro dar esse passo, pode fazer a diferença entre o sofrimento prolongado e a conexão de coração aberto. Às vezes, você deve escolher entre estar certo *ou* ter um relacionamento que o satisfaça.

83

O fogo da paixão precisa esfriar para que um amor maduro possa se desenvolver

LINDA: Jesse, nosso primeiro filho, tinha 3 anos quando finalmente me senti segura para deixá-lo por uma semana para tirar umas férias necessárias com Charlie. Dizer que eu tinha sido uma mãe obsessiva, superprotetora, neurótica e dominadora era... bem, uma análise apropriada. Meus pais, que viviam a mais de 700 quilômetros de distância, eram as únicas outras pessoas a quem eu conseguia confiar nosso bebê: eu não estava totalmente doida, mas quase.

Nosso destino era Martha's Vineyard. Na primeira noite, ficamos em uma pousada que tinha uma banheira antiga. Eu a enchi com a água mais quente que podíamos suportar e entramos. Relaxamos por algum tempo, apreciando a privacidade, absortos com o silêncio. Charlie então lavou meu rosto com um sabonete de cheiro doce e uma esponja macia, e eu comecei a chorar. Agora, eu era o bebê, sendo cuidada por alguém que me amava muito.

A transição para a vida adulta tinha sido difícil, com nós dois trabalhando, terminando os estudos e com um bebê que precisava de mais atenção do que eu podia dar. Eu estava muito cansada. Sabíamos que nossa lua de mel terminara havia muito tempo e que os últimos anos nos fizeram amadurecer e aprofundar nossa capacidade de amar.

Nosso momento naquela banheira pode parecer uma cena comum, mas foi uma comunhão crucial para Charlie e para mim, um compartilhamento de profunda compreensão, apreciação e paz. Naquela banheira, aproveitamos um ao outro em um momento simples de pura mágica. Eu estava chorando de alegria por ter conseguido chegar àquele momento de coração tão aberto. Tinha havido tantos momentos em que eu não sabia se nosso casamento sobreviveria e, se sobrevivesse, se teríamos amor verdadeiro um pelo outro ou apenas um acordo de manter a família intacta. Havíamos realmente triunfado e agora estávamos nos sentando para descansar e aproveitar a liberdade da luta diária. Foi divino!

O amor maduro só ocorre após termos crescido como indivíduos, e após a relação ter passado por várias fases de desafios e momentos de grandes demandas. Livres das fantasias do amor ingênuo, somos mais capazes de aceitar nosso parceiro e a nós mesmos. Até hoje a experiência na banheira antiga é um dos momentos mais preciosos da minha vida.

84

Nada acaba com o desejo sexual mais rápido do que as diferenças não resolvidas

O fator mais importante para determinar se uma vida sexual vai morrer lentamente não é a habilidade ou conhecimento técnico, mas a capacidade de manter os sentimentos e a comunicação abertos, livres de problemas não resolvidos e ressentimentos. Quando os sentimentos negativos, como mágoa, culpa, raiva e frustração, não são analisados e resolvidos com honestidade e compreensão, deterioram a base da relação e ameaçam extinguir o fogo do desejo sexual de um ou de ambos os membros do casal.

Embora os sentimentos em relação ao nosso parceiro possam esfriar como resultado de questões não resolvidas, é provável que o desejo sexual continue vivo, mas direcionado a uma terceira pessoa, criando a perigosa possibilidade, ou probabilidade, de relacionamentos extraconjugais. Embora isso possa resolver o "problema sexual" temporariamente, cria outro, o adultério, que é muito mais ameaçador. Permitir que a relação se deteriore a tal ponto coloca o casamento em grande perigo.

A questão não é a fidelidade, é a honestidade: não querer falar a verdade sobre o que sentimos sufoca a paixão. A possibilidade de envolvimento com um novo parceiro, com quem não temos uma história, é muito mais atraente do que estar com alguém com quem temos dias, meses ou até mesmo anos de diferenças não resolvidas e sentimentos soterrados. Reter esses pensamentos e emoções é como carregar um peso enorme que não permite nossa elevação ao prazer disponível aos que estão livres de fardos emocionais.

Há uma razão para geralmente fazermos ótimo sexo após uma boa briga. A expressão de emoções acumuladas é afrodisíaca, porque desbloqueia nossa capacidade de vivenciar e expressar mais intensamente tudo o que sentimos. É claro que isso é uma forma de relação de alto risco. "Brigar para acender a relação" é como brincar com fogo. Já reconhecer nossas inevitáveis diferenças à medida que surgem mantém as vias emocionais abertas e promove maior riqueza e intensidade sexual. A honestidade emocional cria mais paixão em uma relação do que rosas e chocolates, pode apostar.

85

O maior risco é não arriscar

LINDA: Na tradição budista há quatro tipos de personalidade: raiva, ganância, ilusão e medo. Sempre fui do tipo medo, talvez tenha nascido assim, ou talvez isso seja resultado das minhas experiências de infância, não sei. Sinceramente, a essa altura não me importa. Hoje em dia o *porquê* já não me fascina, estou mais interessada no *como*. Por exemplo, dado que tenho muito medo a combater, como posso lidar melhor com isso, de forma a não deixar de fazer o que quero e de levar a vida que quero ter? Como posso continuar arriscando, mesmo com medo? Quando exploro estas perguntas, as coisas ficam mais claras para mim.

Sou tímida e lenta. Quando Charlie e eu começamos a namorar, minha timidez não me deixava expressar o que eu realmente queria da nossa relação. Fico arrepiada só de lembrar com quão pouco estava disposta a me acomodar naquela época. Minha visão era muito limitada. Embora em meu coração quisesse o tipo de casamento aberto e comunicativo que promove uma família feliz, tinha medo de dar início ao processo para chegar lá. Para evitar o conflito que temia tanto, sentia-me tentada a aceitar uma relação previsível, confortável e segura, em vez da relação sincera que realmente queria. Mas, no final, sabia que precisava arriscar passar pela dor e discussões que certamente surgiriam quando eu falasse, tentando melhorar as coisas. Para uma pessoa que estava se recuperando da timidez, esse era um trabalho e tanto!

Nos tempos mais difíceis do nosso casamento, passei por momentos em que precisei arriscar a própria relação. Disse a

Charlie que havia coisas que eu simplesmente não conseguia aceitar. Não expressei isso como ameaça ou ultimato, apenas como o reconhecimento do que era verdadeiro para mim. Às vezes sentia que estava pulando de um avião sem saber se o paraquedas ia abrir: sabia que colocar meus termos assim poderia afastar Charlie, mas não fazer isso seria viver uma mentira.

Corremos o risco de perder nosso casamento mais de uma vez e, em cada uma, fiquei aterrorizada. Mas cada ato de coragem levava nosso casamento a um estágio mais elevado, e hoje agradeço o que os riscos corridos nos trouxeram: os resultados são muito melhores do que eu esperava.

86

Se você acha que terapia de casal é cara, experimente o divórcio

Este capítulo é para as pessoas que acham melhor esperar o casamento ficar muito ruim para procurar aconselhamento matrimonial. Essa não é uma boa ideia. A hora certa é o quanto antes, não mais tarde. Quanto mais cedo se beneficiar de ajuda, mais barato é o custo em termos de dor e de dinheiro. John Gottman, autor de *Por que os casamentos fracassam ou dão certo,* disse, em um workshop, que a maioria dos casais que procura aconselhamento matrimonial passa por dificuldades durante seis anos antes de finalmente tomar a iniciativa! Infelizmente, para muitos deles, a essa altura é tarde demais, pois a boa vontade e o interesse que existiam no início da relação já se deterioravam. Só resta declarar a morte do casamento e enterrá-lo de maneira apropriada.

Quando perguntados por que esperaram tanto, uma grande porcentagem desses casais alegou que não podia pagar uma terapia e esperava que as coisas melhorassem por si mesmas com o tempo. Esse é o mesmo tipo de pensamento ingênuo que leva as crianças a acharem que se fecharem os olhos ninguém poderá vê-las. Os problemas não desaparecem quando os ignoramos, geralmente pioram. O quanto antes obtivermos a ajuda de que precisamos, mais rápido resolveremos as coisas. Se considerarmos a diferença de custos entre um divórcio litigioso e demorado e um período típico de terapia de casais, não há comparação!

Se você obtiver ajuda cedo, as coisas podem mudar rapidamente. Quanto mais tempo você ficar entrincheirado em padrões pouco produtivos, mais atolado vai ficar e mais tempo será necessário para se libertar. Mais importante ainda, o risco de chegar ao ponto de desistir do casamento aumenta a cada dia de dor não resolvida. Fazer tudo o que você puder para fortalecer seu casamento é sempre o primeiro passo, e muitas vezes é também o último. É igualmente importante reconhecer quando todo seu esforço não for suficiente para curar um colapso. É provável que você tenha chegado a esse ponto se repetidas tentativas de melhorar a situação resultaram sempre em frustração, dor ou ressentimento. Se ficar evidente que todos os seus esforços não estão surtindo efeito, corra – não ande – até um bom conselheiro matrimonial!

É claro que não há garantia de que obter aconselhamento irá curar o mal do seu casamento, mas certamente aumentará a possibilidade, principalmente se você puder resolver os problemas em seus primeiros estágios. Não importa o custo de se livrar dos impasses que de vez em quando acometem todas as relações, certamente será mais barato em termos de dinheiro, saúde e espírito pagar à vista do que após o colapso final. Receber ajuda quando necessário pode ser a melhor pechincha da sua vida!

87

O perdão é sua recompensa

LINDA: Venho de uma família que guarda ressentimentos. Em nossa casa, era comum ouvir frases do tipo "Eu não vou à formatura da filha dele! Seu pai me pediu 200 mil dólares emprestados em 1954 e nunca me pagou. Não quero ter nenhuma ligação com ele" ou "Não vou passar as férias em Rockaway Beach porque algum parente insuportável pode estar lá". Alguém sempre deixava de ir a um casamento, enterro, festa de aniversário ou viagem, devido a alguma discussão ou dívida não paga. Minha infância foi repleta desse tipo de coisa!

Guardar ressentimentos é um comportamento aprendido. Se observarmos as crianças, veremos várias disputas, e quanto mais jovens as crianças, mais rápido se esquecem. Ressentimento refinado requer anos de treinamento e prática, não ocorre naturalmente. Ater-me ao desprezo foi uma tendência que levei para o casamento, sem ter ideia de quanto isso custava. Guardar mágoas consome tempo e energia, e é difícil de manter. Eu não entendia que podia optar por perdoar.

Charlie, por outro lado, é diferente. Não é que eu nunca o tenha decepcionado ou cometido erros, fiz isso muitas vezes. Mas o estilo dele é se expressar numa explosão de sentimentos e, depois, acabou. Já a minha tendência é ficar muito tempo sofrendo. A certa altura, nossa relação corria o risco de cair por terra, porque eu estava sobrecarregada de amargura, ressentimento e expectativas frustradas. Charlie não estava disposto a mudar sua posição, eu é que tinha que achar uma saída para o dilema.

Aprendi a meditação do perdão com Stephen e Ondrea Levine, dois maravilhosos mestres espirituais, e comecei a praticar o desapego. Tive que trabalhar bastante nisso, já que o perdão só é conseguido em estágios e não de uma só vez. Como nada inspira mais do que o sucesso, sentir as recompensas de perdoar, uma sensação de leveza e liberdade, me motivou a praticar mais. À medida que meu coração se abriu, passei a desfrutar do pouco tempo que tinha com Charlie, em vez de desperdiçá-lo remoendo a queixa de ele ter pouco tempo para mim. O perdão é a ferramenta mais poderosa que encontrei para limpar uma relação intoxicada pelo veneno do ressentimento. Para muitos de nós, é uma das habilidades mais importantes a desenvolver.

88

A vingança é sua punição

CHARLIE: Poucas críticas provocam mais defesa do que a acusação de ser "vingativo". Para a maioria, este é um atributo muito desagradável, mais negativo ainda, do que ser egoísta, preguiçoso ou controlador. Ser vingativo é propositalmente procurar fazer mal a – ou fazer sofrer – alguém que julgamos ter errado conosco. Não é fácil reconhecer isso, mas estamos sendo vingativos sempre que agredimos em reação à sensação de termos sido magoados. Toda vez que usamos nossas palavras para punir, controlar ou retaliar alguém, estamos sendo vingativos.

Eu achava que por nunca ter levantado um dedo para machucar Linda, não era uma pessoa vingativa. Alegrava-me com isso e sentia mesmo certa presunção e superioridade, até perceber que a violência das minhas palavras era tão destrutiva quanto as atitudes físicas que me orgulhava de não ter. Compreendi que meu desejo de que "Linda entendesse", de que eu tivesse a última palavra ou de convencê-la de que eu estava certo, na maioria das vezes, eram tentativas e desejos ocultos de puni-la.

Perceber isso foi humilhante e vergonhoso, e me forçou a confrontar essa minha parte sombria e a ver o preço que estava pagando por ser vingativo, por explodir sempre que me sentia atacado, com medo ou ferido. Agir ou falar com esse impulso sempre me deixava paralisado, desconfiado, de coração fechado e isolado. Não era o comportamento de Linda que me fazia sentir essas coisas, mas minha própria reação e modo defensivo. Quanto mais reagia assim, mais me sentia justificado por estar sendo vingativo.

Quando me dei conta de que era eu a causa da minha dor, de que era eu o responsável, meus instintos vingativos perderam sua força. Embora a tendência de explodir verbalmente ainda surja de tempos em tempos, já não sou consumido por ela, não por eu achar que seja errado, mas porque não quero mais infligir esse tipo de dor a mim mesmo. Foi só quando pude verdadeiramente enxergar que era eu, e não Linda, que estava criando meu aprisionamento, pude recuperar o poder de me libertar do inferno para viver a felicidade.

89
Quando dois corações estão conectados, até os grandes problemas têm solução; quando não estão, as menores dificuldades são insuperáveis

LINDA: Em geral não temos consciência de quão instável é nossa situação na vida. Toda a nossa existência pode mudar em um segundo. Podemos estar inocentemente dirigindo e sofrer um acidente de carro ou receber um telefonema informando a morte de um ente muito querido. Podemos ficar doentes repentinamente ou descobrir alguma verdade que nos fora mantida em segredo, e daquele momento em diante tudo muda em nossa vida.

Foi isso que me ocorreu em 1991, quando recebi o diagnóstico de câncer de mama já em metástase. Poucos dias após o diagnóstico, eu estava no hospital para ser submetida à cirurgia de retirada do tumor. Logo após, comecei a quimioterapia, seguida pela radioterapia. Com a quimioterapia, perdi todo o meu cabelo e meu humor ficou totalmente instável devido aos distúrbios hormonais, efeitos colaterais do tratamento. A vida que eu conhecia foi virada de cabeça para baixo. Como "bônus", tive que encarar a morte pela primeira vez na vida. Não há dúvida de que isso foi uma mudança e tanto.

Mas essa não foi a maior mudança que eu já tinha confrontado. Acredite ou não, o desafio do câncer foi muito mais fácil, porque não me senti só. O diagnóstico do câncer veio em uma época de grande proximidade entre mim e Charlie, eu a chamo de nossa "Era Dourada". Já havíamos passado por muitos momentos negros em nosso relacionamento e quase nos divorciamos. Relembrando os motivos de nossas brigas, é difícil imaginar como coisas tão triviais puderam causar tantos transtornos. Brigar sobre quem ia lavar a louça, chamar uma babá, escolher que vídeo alugar, lavar a roupa, limpar o vômito do gato, ou quem deveria pedir desculpas primeiro, agora parece muito pequeno e insignificante. Hoje sei que a prolongada luta por poder, que envolvia essas questões, persistiu porque nossos corações não estavam unidos.

Durante minha luta contra o câncer, Charlie e eu conseguimos ficar ainda mais abertos, aceitando um ao outro e a nós mesmos. Isso fez muita diferença. Fiquei fraca por causa da quimioterapia e também devido ao meu medo intenso de morrer. Charlie ficou aterrorizado com a possibilidade de tão cedo na vida não me ter mais. Não estávamos prontos para perder um ao outro, principalmente após ter trabalhado tanto para chegar aonde estávamos. Durante os vários meses de tratamento, Charlie ficou bem próximo a mim. Ele demonstrou, de todas as formas possíveis, o quanto me amava: me tocava frequentemente, segurava minha mão, me abraçava, ficava horas me ouvindo falar sobre meus pensamentos e sentimentos e falava comigo do fundo do seu coração.

Apenas as questões mais significativas eram registradas por nosso radar. Questões triviais não tinham peso. Frente à morte, só as questões de amor e cuidado tinham importância para nós. Tenho certeza de que se meu diagnóstico tivesse acontecido em uma das épocas de instabilidade em nosso casamento, o choque do câncer o teria destruído. Eu teria decidido ir embora para salvar minha própria vida. Ainda bem que a doença surgiu quando estávamos fortes o suficiente para encararmos juntos o desafio. Tivemos outras crises e dificuldades nos últimos anos e lidamos com elas dando atenção ao que é mais importante na vida, agradecidos por estarmos profundamente conectados a nós mesmos e com o outro.

90

A crítica construtiva, em geral, não constrói

CHARLIE: "Posso lhe fazer uma crítica construtiva?" Se seu parceiro lhe fizer esta proposta, cuidado. Na maioria das vezes, essa oferta, aparentemente inofensiva, encobre uma intenção não tão oculta de não apoiá-lo. O que costuma estar por trás da oferta de crítica construtiva é um desejo de aconselhar, criticar, julgar ou controlar a outra pessoa, através de uma opinião que eleva o orador a uma posição superior. O que eu costumava chamar de "crítica construtiva" em geral não passava de críticas ou advertências que faziam Linda sentir-se menosprezada ou inferiorizada. Embora eu insistisse que só estava "dizendo isso para ajudar", minhas palavras raramente surtiam esse efeito. Frequentemente, Linda se retraía quando eu oferecia essa "ajuda". Por fim, me disse para guardar minha opinião para mim mesmo, a não ser que ela a pedisse.

Às vezes, eu dizia a Linda que ela não devia se sentir menosprezada, o que era tão pouco produtivo quanto uma crítica, e então iniciávamos um diálogo que geralmente terminava com os dois sentindo-se frustrados e incompreendidos. O problema costumava estar mais relacionado com o que estava motivando minhas palavras do que com as palavras em si. Ao criticar Linda sob o disfarce de opinião construtiva, eu estava negando seus sentimentos e pensamentos. Eu sempre me via como estando certo e achava que, se Linda tivesse algum juízo, devia me ouvir e levar minhas palavras a sério. Não é de admirar que ela odiasse ouvir minha opinião, nela estavam embutidos julgamentos, culpas e conselhos não solicitados. Ela estava certa em confiar em si mesma e recuar ante minhas opiniões. No íntimo, ela sabia que, apesar das minhas palavras, minha intenção não era confiável.

Hoje em dia, costumo desconfiar das minhas intenções sempre que sinto um forte desejo de fazer críticas ou dar conselhos a Linda, ou a qualquer outra pessoa. Em vez de agir sob o primeiro impulso, paro por um instante e me pergunto o que espero conseguir e do interesse de quem estou realmente cuidando. É da outra pessoa ou do meu ego disfarçado? Se, após refletir, me parecer que estou preocupado em servir à outra pessoa e tiver motivos para acreditar que ela quer minha opinião, a ofereço com o mínimo de julgamento possível. Se eu não confiar na minha motivação, fico de boca calada. Às vezes, a coisa mais amorosa e útil que podemos fazer é resistir à tentação de dar opinião, reconhecendo que tal crítica não seria nada construtiva, e, em vez disso, oferecer nossa atenção interessada e amorosa.

91

A capacidade de sentir alegria cresce na mesma proporção da capacidade de sentir dor

Nossa amiga Jody se dedica a ir atrás de tudo que possa lhe dar mais prazer e alegria e, com a mesma dedicação, evita tudo que possa lhe causar problemas ou infelicidade. Suas frases favoritas são: "Procure a alegria", "Escolha ser feliz" e "Medo não passa de uma palavra de quatro letras". Se conheço alguém que está "em busca da felicidade", essa pessoa é Jody.

Mas a vida de Jody é tudo, menos bem-aventurada. Em sua busca pela felicidade, ela evita religiosamente qualquer coisa ou pessoa que a faça se sentir mal, triste ou com raiva. Ela rompe as relações amorosas ou de amizade na primeira dificuldade (e elas sempre chegam, cedo ou tarde). Ela está sempre tentando alegrar as pessoas, porque não tem a mínima tolerância para suas lutas e sofrimentos. Ela sai dos empregos quando ficam estressantes, em vez de aprender a lidar com o estresse. O problema com a estratégia de vida de Jody é que, por ter pouca experiência com o lado sombrio da vida, sua capacidade de vivenciar a verdadeira felicidade é muito diminuta.

A vida e as relações vêm em um pacote que inclui sol e chuva. Nossa capacidade para a alegria é limitada na mesma medida em que tentamos evitar ou excluir o que nos traz infelicidade. São os sentimentos intensos, bons e ruins, que ampliam nossos corações, abrindo-os mais ainda, e aprofundam nossa capacidade de viver inteiramente e ser felizes, assim como nossa ligação com o parceiro. Como as fibras de músculos trabalhadas por exercícios físicos intensivos se tornam mais fortes e resistentes do que antes, a capacidade do coração de guardar sentimentos fortes e profundos se expande quando abraçamos, em vez de resistir, todas as dimensões das nossas emoções. Assim, vamos aumentando nossa capacidade de lidar com os sentimentos mais fortes, bons ou ruins. A força e o apoio de ajudantes e amigos, que podem entender nossa situação, também nos ajudam a nos aprofundar. Essa qualidade flexível do coração nos permite e convida a nos mantermos abertos, mesmo nos momentos mais difíceis.

A recusa de Jody de entrar em contato com seus sentimentos reflete seu medo de ser consumida por eles. Tentar evitar sentimentos dolorosos a deixou pouco equipada para lidar com eles. Quando estamos dispostos a arriscar o encontro com nós mesmos de forma aberta e destemida, construímos a coragem e a confiança necessárias para saudar todo o alcance e a profundidade das nossas experiências emocionais. Ao fazer isso, nosso coração se abre para abarcar um júbilo muito maior do que poderíamos conhecer se o mantivéssemos defendido e fechado.

92

Nada é mais eloquente do que o silêncio de quem escuta de verdade

CHARLIE: Assim como vários homens, cresci acreditando que era minha função manter minha mulher feliz. Isso significa descobrir o que a estava incomodando quando ela parecia estar aborrecida e fazer algo a respeito: dar conselhos, trocar a lâmpada, explicar as coisas, gritar com o vendedor da loja que foi mal-educado, arrumar o apartamento, o que fosse necessário fazer para ela se sentir melhor. Cresci, me casei e usei essa estratégia no meu casamento. Às vezes funcionava, e Linda acabava sentindo-se melhor, mas em muitas ocasiões o resultado era outro. Quando Linda não apreciava meus esforços e conselhos, eu ficava ressentido e sentindo-me menosprezado. Afinal, eu não estava dando o que ela queria e precisava? Por que ela se dava ao trabalho de me contar que estava aborrecida com algo se não queria que eu fizesse nada a respeito?

Um dia, durante uma crise de frustração, fiz esta pergunta a minha esposa. Acabávamos de sair de uma festa na qual ela se sentiu esnobada por um dos convidados. Enquanto Linda expressava seus sentimentos, eu já estava ensaiando minha resposta. Eu estava dirigindo, ouvindo o rádio, ouvindo minha esposa e ouvindo minha estratégia mental para *consertá-la*, para que ela se sentisse melhor e que eu, mais uma vez, me sentisse um marido competente e útil.

Antes de Linda terminar de me contar como estava se sentindo, a interrompi oferecendo meu insight e conselho. É claro que minha intenção era fazê-la ver que não deveria levar as coisas num nível tão pessoal. Eu disse que era óbvio que o cara na festa era um imbecil e que a opinião dele não devia significar nada para ela, então, por que não me escutava e deixava isso para lá? Estas podem não ser as palavras exatas que usei, mas foi mais ou menos isso. A resposta foi: "Não é isso que eu preciso ouvir. Isso não faz com que eu me sinta melhor." Não era isso o que *eu* queria ouvir. Respondi: "Se você não quer que eu tente fazer com que você se sinta melhor, por que está me contando?"

Eu não disse isso como uma pergunta e também não falei de forma carinhosa. A mensagem subjacente era: "Que droga! Qual o seu problema? Aqui estou eu, tentando atender ao seu pedido de ajuda, e tudo o que você consegue fazer é dizer que minha contribuição não é boa o suficiente! O que você quer de mim, então?" Minha raiva era tão óbvia que Linda se recusou a continuar a discussão enquanto estávamos dirigindo, insistindo em retomar a conversa quando chegássemos em casa. Isso me deixou mais furioso ainda, mas como Linda se recusou a continuar, fui soltando fumaça por todo o caminho.

Eu ainda estava aborrecido quando chegamos, mas no silêncio dos últimos vinte minutos me conscientizei do que estava realmente sentindo: a dor e a rejeição por baixo do meu ressentimento. Eu já tinha esfriado a cabeça o suficiente para poder ouvir Linda sem ficar na defensiva. Subimos para nosso quarto, nos sentamos e ela falou primeiro:

– Sinto muito que você esteja tão aborrecido com o que eu disse, mas é importante que você entenda do que realmente preciso agora. Não quero que você me diga algo que mude meus sentimentos, só quero que esteja comigo, que entenda o que estou passando para que eu não fique tão sozinha com minhas emoções. Quero sentir você *comigo.* Quero toda a sua atenção. No carro, tinha tantas outras coisas acontecendo que senti estar recebendo apenas uma lasquinha da sua atenção, mas o que eu queria era *toda* ela, todo *você.* Eu devia ter esperado chegarmos em casa para falar disso, mas estava ansiosa para lhe contar, não para você dar um jeito na situação, apenas para me sentir ouvida e compreendida e sentir nossa união. Era disso que eu precisava. É isso que ajuda de verdade.

– Então você não quer que eu a ajude a se sentir melhor ou a ver as coisas de outra forma, se eu achar que isso pode ser útil para você? – perguntei, ainda magoado e na defensiva.

– Não é disso que estou falando. Às vezes quero sim que você me dê sua opinião, e muitas vezes, quando você faz isso, me ajuda muito. Mas dessa vez eu só queria toda a sua atenção, porque na realidade é isso que me conforta. Quando você está ocupado demais, tentando bolar a resposta "certa", não sinto você comigo. Quando eu quiser seu conselho ou ponto de vista, eu digo. Se eu não pedir, então entenda que não é isso que quero. Eu só quero que você me mostre que está me ouvindo.

Finalmente, comecei a ouvir o que Linda estava dizendo. Houve um momento de quietude entre nós, um sentimento de união e amor. Linda pegou minha mão. Senti gratidão pelo momento e mudei minha forma de pensar. Eu não tinha que resolver seus problemas ou eliminar sua dor, precisava apenas ficar aberto a ela e me deixar sensibilizar por seus sentimentos. Eu a abracei, com gratidão e amor. Essa não foi a última vez em que precisei ser lembrado por Linda que eu não tinha que consertar as coisas para ela, afinal, os padrões de toda uma vida não desaparecem da noite para o dia, mas essa foi a última vez que fiquei com raiva por ser lembrado que eu não precisava "fazer" nada, a não ser deixar tudo o mais de lado para estar com ela por inteiro. Hoje, quando ela me lembra disso, sinto-me aliviado, não criticado, e ambos concordamos que estou me tornando um ouvinte de primeira.

93

Os conflitos externos costumam expressar os conflitos internos

LINDA: Como ocorre na vida dos vários casais com quem já trabalhamos, uma área de grande conflito para nós é a criação de nossos filhos. Meu conceito de disciplina, por exemplo, é muito diferente do de Charlie. Ele sempre foi contra bater e sua tendência geral é a de mínima interferência. Ele diz que sua atitude é "tranquila", mas eu a chamava de "permissiva demais". Eu, por outro lado, sempre fui mais severa e rígida. Sinto-me "responsável" enquanto ele diz que sou "controladora".

Com o tempo, reconhecemos que nossas perspectivas divergentes nos ajudaram a proporcionar um ambiente familiar mais equilibrado, e acabamos apreciando nossas diferenças, em vez de tentar eliminá-las. Uma das consequências diretas dessas diferenças foi a dificuldade de fazermos com que as crianças ajudassem nas tarefas do lar. Charlie não se opunha aos meus esforços para fazê-las ajudar, mas tampouco tinha a postura que eu acreditava ser necessária. Consequentemente, as crianças quase sempre (na minha opinião) escapavam das tarefas, e eu sempre me sentia sobrecarregada e ressentida. Uma das minhas queixas habituais era: "Preciso de mais ajuda de vocês. Eu trabalho fora, preparo a maior parte das refeições e ainda lavo a louça." Charlie dizia que concordava, mas não tomava nenhuma atitude. Eu me sentia como uma mula carregada com alforjes cheios.

Em determinado momento, me deu um clique. Eu estava discutindo com Charlie, pedindo-lhe para mandar Jesse lavar a louça que usou, quando percebi qual era o problema. A briga verdadeira ocorria dentro de mim. Alguma parte minha ainda estava tentando ser uma mãe do tipo "leite e biscoitos", que cozinha e lava a louça, uma dona de casa como minha própria mãe, embora, diferente dela, tivesse uma carreira em tempo integral. Dois aspectos da minha personalidade se digladiavam dentro de mim. Então convoquei uma reunião de família, coloquei uma tabela na porta da geladeira designando tarefas diárias, de cozinhar e lavar louça, para cada membro da família e disse: "Não vou cozinhar, exceto nos dias designados a mim, e não vou lavar louça, exceto nos dias designados a mim." Minha voz tinha tom de decisão, e todos entenderam.

É claro que fui testada, e algumas vezes ficamos todos sentados à volta da mesa sem nada para comer, enquanto alguém se mexia para fazer uma refeição na última hora. Mas, após o tempo de transição, a tabela de cozinhar e lavar a louça começou a funcionar. Foi um dia feliz quando Charlie disse brincando: "Não toque nessa panela, essa louça é de Sarah."

94

Uma das melhores perguntas que você pode fazer para seu parceiro é: "Como posso amá-lo melhor?"

Uma tarde cheia de compromissos me mostrou que pessoas diferentes precisam de coisas totalmente diferentes para se sentirem amadas. Na primeira sessão, Claire chorou muito por não se sentir amada por seu marido, Matt. Ele, por sua vez, expressou surpresa e frustração, dizendo que não conseguia entender por que ela se sentia assim. Após várias perguntas, Claire, ainda fungando, disse: "Você nunca diz que me ama." Matt achava que ter um trabalho bem remunerado, sustentar a família e todas as outras coisas que fazia eram suficientes para demonstrar seu amor pela esposa. Ele sabia o quanto a amava e achava que ela também o soubesse. Ele era introvertido e tímido, não estava acostumado a falar dos seus sentimentos abertamente. Durante a sessão, meio sem jeito e com bastante esforço, ele conseguiu dizer: "Eu te amo." As palavras foram como música para os ouvidos de Claire: ela não as escutava havia anos.

O casal seguinte entrou discutindo o mesmo assunto. Jeanette revelou que não se sentia amada por seu marido, Patrick. Ela disse: "Você sempre diz que me ama, mas não demonstra isso com suas atitudes. Eu odeio ter que ficar catando suas coisas o tempo todo. Queria que você pegasse suas meias, pusesse sua louça suja na pia e parasse de deixar suas toalhas molhadas em cima da cama. Você diz que me ama, mas parece que não ouve nada do que eu digo!" Era óbvio que ela não queria palavras, ela queria atitudes.

Cada um tem sua forma de se sentir amado. Nossa tendência é a de dar o que queremos receber, é difícil não ser subjetivo. Os casais sábios se lembram de perguntar um ao outro, de prestar atenção, e geralmente tomam as atitudes corretas de acordo com o que ouvem.

95

Ganha-se mais em compreender o mundo do seu parceiro do que em tentar fazê-lo compreender o seu

LINDA: Certa vez, no meio de uma das nossas primeiras discussões, Charlie olhou no fundo dos meus olhos e perguntou: "O que você precisa de mim neste momento? Eu realmente quero saber." Sua reação súbita e repentina me pegou desprevenida e, sem dúvida, conseguiu toda a minha atenção. Não havia raiva nem julgamento na voz dele, apenas o desejo sincero de me conhecer melhor naquele momento. Fiquei desarmada e emocionada, como se pudesse chorar. "Apenas me toque, me abrace", falei. Sem palavras, ele respondeu me envolvendo em seus braços carinhosamente. Com essa atitude, o motivo do meu incômodo simplesmente foi dissipado, foi como um bálsamo sobre uma ferida: de um minuto para outro, tudo ficou melhor. Não foram as palavras, mas a maneira de falar, a sensibilidade dele. Reconhecendo meu desconforto, ele me demonstrou seu carinho. Ele se estendeu até meu mundo, com sinceridade e curiosidade. Ele queria me conhecer, não apenas me calar. Eu me senti muito bem com isso.

Já tínhamos percorrido a maior pane da distância até onde eu queria que nossa relação se fixasse, conectados de coração a coração. Senti-me aceita com minhas necessidades e senti gratidão pelo fato de a pessoa mais importante da minha vida se importar o suficiente, ser grande, forte e amorosa o suficiente para querer saber quais eram minhas verdadeiras necessidades e tentar supri-las. Eu não estava mais sozinha.

96

Um casamento amoroso pode curar feridas antigas com mais eficácia do que a melhor das terapias

CHARLIE: Quando a psicoterapia é boa, promove uma relação calorosa e compreensiva, por meio da qual podemos ver nossos sentimentos e a nós mesmos honestamente, de uma forma que nos permite curar feridas antigas e aceitarmo-nos como somos. Quem promove esse processo é o terapeuta, não sua filosofia ou orientação. Os melhores terapeutas não se destacam por seus diplomas ou credenciais, mas por sua habilidade de falar sem julgar, com abertura, autenticidade e compaixão. Não se aprende essas qualidades na universidade, elas são cultivadas propositalmente, por escolha e experiência de vida.

Embora o casamento não nos peça para assumirmos o papel de terapeuta, ele exige que as duas pessoas desenvolvam as qualidades de um bom terapeuta. Poucas pessoas iniciam um relacionamento com esses atributos já totalmente desenvolvidos, e o casamento nos dá o contexto perfeito para explorarmos e enriquecermos esses aspectos

O compromisso de Linda em se tornar mais amorosa me ajudou a me aceitar de uma forma que eu não teria conseguido fazer sozinho. Sua boa vontade de me ver (nem sempre, mas frequentemente) com um olhar de compaixão e aceitação conseguiu anular a crítica negativa profundamente arraigada que eu fazia a mim mesmo. Com o tempo, comecei a me ver através do olhar dela, perdoando as falhas que percebia e aceitando minhas "imperfeições". Isso me permitiu sentir amor-próprio pela primeira vez em minha vida adulta.

A capacidade de Linda de estender-se amorosamente cresceu com o tempo e com a prática. E enquanto crescia, me tornei cada vez mais capaz de retribuir essa dádiva com gratidão e de ajudá-la a transformar sua autoestima de forma semelhante. Embora o casamento não seja um substituto para o aconselhamento ou para a terapia, nós dois somos prova viva de que ele pode promover um processo de amadurecimento profundo e poderoso.

97
Continue falando

LINDA: Certa vez, quando estava em um avião para Little Rock, Arkansas, me vi sentada ao lado de uma senhora. Lembro-me de seu olhar bondoso e inteligente. Iniciamos uma conversa e ela ficou encantada ao saber que eu ia promover um workshop para casais, pois ela ia dar um seminário sobre perdão. Percebendo que tínhamos muito em comum, rapidamente nossa conversa ficou bastante animada. Quando eu disse que geralmente ministrava esses cursos em dupla com meu marido, seu humor mudou e ela ficou melancólica. Disse que seu marido tinha morrido havia quatro anos e que sentia muita falta dele; eles haviam sido casados por 46 anos. Seus olhos estavam cheios de lágrimas enquanto falava, e fiquei profundamente tocada pela franqueza com que contava da beleza de sua vida conjugal.

Em determinado momento, perguntei: "Qual era o segredo do seu casamento duradouro e feliz?" Ela respondeu sem hesitar: "Continue falando." "Desculpe, não entendi", disse, esperando uma explicação. E ela repetiu: "Apenas continue falando. Não importa quão tarde seja, não importa quão frustrada ou cansada esteja, não importa o que você preferiria estar fazendo. Se vocês não estiverem se sentindo bem, um em relação ao outro, continue falando até se sentirem bem." Nós rimos e prometi que diria isso à minha turma. Eu a citei naquele fim de semana e muitas outras vezes desde então.

É tão comum os casais desistirem, resignados, quando não são entendidos. Há tantos mal-entendidos e distorções, tabus, sensibilidades, feridas e oportunidades perdidas. Às vezes.

temos que conversar sobre o mesmo assunto cem vezes, de diferentes maneiras, a partir de diferentes pontos de vista, antes de conseguirmos chegar à compreensão verdadeira. Cada conversa é como aparar as arestas quando ficamos enganchados. O segredo parece estar em não desistir. "Continue falando!" é sabedoria simples e profunda.

98

Não há problema em presumir, contanto que você verifique com o outro antes de agir

Sandy e Bay estavam juntos havia três anos. Na maior parte do tempo, viviam em total felicidade, pois eram um casal com muitas compatibilidades. Tinham temperamentos tranquilos, interesses semelhantes e grande consideração um pelo outro, eram amorosos, carinhosos e o sexo era ótimo. Falavam abertamente e com muita alegria sobre a ideia de se casarem.

Contudo, havia um problema: nunca haviam conversado sobre ter filhos. Sandy simplesmente presumia que, como tudo na relação deles era tão tranquilo, quando chegasse a hora de casar e ter filhos, isso também aconteceria de forma natural. Quando Bay disse: "Não tenho a mínima intenção de ter filhos", Sandy ficou chocada e sem palavras. Ela nunca perguntara, sempre presumira. Ela disse a Bay que para ela era impensável abrir mão de ter filhos e que precisaria romper o relacionamento, e ele não protestou. Foi uma amarga lição.

Nem todos os casos são tão dramáticos quanto o de Sandy, mas uma série de pequenas presunções erradas também pode gerar brigas e frustração. Fazer perguntas esclarecedoras ao seu parceiro e ser claro nas suas posições permite um entendimento mais abrangente.

99

Os casamentos podem manter seu brilho, mesmo com o passar do tempo

Madelyn e Steve participaram de um workshop que ministramos há muitos anos. Madelyn se vestia de forma conservadora e não usava maquiagem. Ela era bibliotecária e Steve, contador, e estavam casados havia 22 anos. Embora na superfície não houvesse nada que chamasse muita atenção em relação ao casal, eles tinham uma vitalidade especial entre si que era evidente. Gostei tanto de uma história que me contaram durante um intervalo do workshop que pedi a eles para repeti-la para a turma.

Enquanto Steve estava em uma viagem de negócios por duas semanas, Madelyn aproveitou o tempo para refletir um pouco sobre como os casamentos podem cair na rotina e se tornarem previsíveis. Ela sabia que estava na hora de fazer algo incomum para dar novo ar à relação deles, então foi à casa de uma amiga pegar emprestadas umas roupas que diferiam totalmente da sua personalidade. Embora tivesse pernas longas e bem torneadas, não tinha uma minissaia sequer. Sua amiga lhe emprestou uma saia bem curtinha, um sutiã com bojo, uma miniblusa bem decotada, meias de náilon rendadas e sapatos de salto alto. Ela alugou uma peruca loira e comprida, e colocou longas unhas postiças pintadas de roxo.

No dia da chegada de Steve, ele planejava pegar o ônibus de conexão do aeroporto, como de costume, mas Madelyn apareceu no aeroporto com suas roupas ousadas, peruca, muita maquiagem e unhas roxas. Quando Steve desceu do avião, ela foi ao seu encontro e falou com um sotaque australiano totalmente convincente: "Quer um encontro, companheiro?"

Steve nos jurou que não sabia que era Madelyn. Ele disse ter sentido que havia algo vagamente familiar naquela mulher, como se talvez já a tivesse visto em algum lugar. Ele apenas sacudiu a cabeça e continuou andando em direção à esteira de bagagem. Ela insistiu e continuou a falar com ele, com o sotaque australiano, até Steve finalmente perceber. Eles relataram com alegria que não foram direto para casa quando saíram do aeroporto, mas para um motel, e tiveram uma noite e tanto! Nós entendemos o recado.

Há muito o que aprender com a história de Madelyn e Steve. Precisamos estar atentos ao nosso relacionamento, sem permitir que a rotina e a previsibilidade tomem conta dele. Para manter uma relação viva, temos que sair do nosso personagem habitual de tempos em tempos e dar e receber as dádivas da novidade e da inovação.

100
A intenção não basta, mas é o mais importante

LINDA: Em muitas ocasiões, me senti confusa e perdida, sem saber como contornar um desentendimento entre Charlie e eu. Já estive a ponto de transbordar de raiva, tristeza, ou alguma outra emoção forte. Possuída por tais sentimentos, não conseguia pensar direito. Sentia-me como um barquinho indo para baixo e para cima em uma tempestade, tentando desesperadamente retornar ao porto em segurança. O "porto" podia significar fazer as pazes com Charlie, me sentir segura e em paz comigo mesma ou simplesmente ficar livre do sofrimento e da confusão. Às vezes, tudo o que eu tinha era minha intenção. Meu compromisso era o de ter um relacionamento saudável, de estar próxima de Charlie e ainda ser fiel a mim mesma. No início do nosso casamento, é claro que eu não sabia muito bem como conseguir isso, mas tinha a intenção, e não abri mão dela.

Lembro-me de discutir sobre uma das nossas várias diferenças irreconciliáveis. Eu queria que viajássemos sozinhos no fim de semana e Charlie queria que as crianças fossem também. Meu maior compromisso era o de ter respeito e cooperação em nosso casamento, então me agarrei à minha intenção como ao mastro de um navio, para que a tempestade não me lançasse ao mar na escuridão da noite. Consegui me manter firme e aberta à opinião de Charlie, sem ser seduzida pela vontade de ganhar a briga. Continuamos falando até concordarmos em tirar dois fins de semana de férias, um com as crianças e outro sem, e a discussão não se deteriorou em uma luta por qual viagem faríamos primeiro: não fomos lançados ao mar.

Durante uma tempestade muito violenta, podemos até ter que nos amarrar ao mastro. É fácil perceber como os desafios de um relacionamento podem nos lançar ao mar. Se não tivermos boas técnicas de comunicação para expressar nossos verdadeiros sentimentos, podemos cair na água. Se não conseguirmos negociar com nosso parceiro e responder às suas necessidades, podemos cair na água. Se não aprendermos a ser fortes e corajosos o suficiente para manter nosso equilíbrio quando surge o imprevisível, podemos cair na água. Se ficarmos tensos, rígidos e inflexíveis, lá vamos nós ao mar. Há habilidades a serem aprendidas e, quando as aprendemos, é provável que a viagem seja muito divertida.

A navegação através das tempestades já nos levou a mil lugares. Meu firme compromisso de criar intimidade com Charlie e meu propósito de manter-me fiel a mim mesma me ajudaram a atravessá-las. A intenção tem um poder impressionante, maior do que podemos imaginar. Ela nos ajudou a atravessar mares bravios, e, não fosse ela, certamente teríamos afundado ou morrido na praia.

101
A quantidade de alegria e satisfação alcançada quando se está comprometido é bem maior do que se pode imaginar

CHARLIE: Abraham Maslow foi um psicólogo humanista que frisava a importância de se estudar não apenas as pessoas que sofrem de problemas mentais, mas também aquelas que melhor exemplificam a grandiosidade que os humanos podem alcançar. Ele usou o termo "autoatualização" para referir-se ao nível mais alto de desempenho que uma pessoa é capaz de atingir. Ele defendia que, em condições favoráveis e com motivação suficiente, uma pessoa pode atingir seu potencial mais elevado.

Para desenvolver nossas capacidades latentes, precisamos de "olhos que acreditam". Precisamos ter ao nosso redor aquelas pessoas que enxergam a beleza, o talento e as possibilidades que não conseguimos ver em nós mesmos, pessoas que nutram nossas melhores qualidades e que estejam dispostas a nos confrontar em relação às nossas áreas menos desenvolvidas. Precisamos de solo fértil para florescer totalmente. Meu amigo Seymour diz que cada um de nós é como um diamante perfeito coberto de terra: a fricção, a agitação, a luta e o conflito dos relacionamentos é que fazem o polimento, removendo a sujeira da superfície do diamante.

Nesse processo de transformação, não nos tornamos alguém diferente de quem somos, mas incorporamos mais plenamente nossa natureza básica. Nosso parceiro pode não apenas nos acompanhar nesse processo, mas também nos ajudar a alcançar estados que desconhecíamos anteriormente. Minha vida hoje tem qualidades de confiança, alegria, prazer e tranquilidade que eu não acreditava possíveis há apenas dez anos. É muito além de qualquer coisa que eu acreditava ter direito. Hoje em dia, o maior desafio é permitir que essas experiências cresçam mais ainda e que possam ser compartilhadas com mais e mais pessoas. Agora, consigo ver que isso é possível para qualquer um que escolha embarcar nessa incrível jornada de despertar. Está disponível a todos, não apenas àqueles que vêm de famílias felizes, são brilhantes ou geniais, contanto que se tenha a intenção de aprender mais sobre si mesmo e suas relações com os outros.

Minha resposta mais frequente à pergunta "Por que você aguentou tanta dor e dificuldade no início do casamento?" é "Porque eu sabia que valeria a pena!". Estou convencido de que haveria muito menos divórcios se os casais pudessem, de alguma forma, vislumbrar as recompensas que esperam por aqueles que não desistem e fazem o necessário para criar em conjunto um casamento verdadeiramente amoroso. O problema com a maioria de nós não é que desejamos demais do casamento, mas que esperamos muito pouco dele. Na maior parte das vezes, subestimamos as possibilidades de amor, alegria, liberdade e totalidade que duas pessoas podem gerar nesse processo para si, para o outro e para o mundo ao seu redor. A verdadeira pergunta não é "Quanta dor você está disposto a tolerar?"; mas "Quanto prazer você está disposto a vivenciar?"

Este livro foi composto na tipologia Minion Pro Regular, em corpo 10,5/13, e impresso em papel off-set 56g/m² no Sistema Cameron da Divisão Gráfica da Distribuidora Record.